AF297072

Don de l'auteur

L. Leheny

LE

TRIOMPHE DE LA CROIX

Nº 11 des Fastes de l'Eglise

4º Y²

LL93

LOUIS LE LEU

LES FASTES DE L'ÉGLISE

VOLUMES PARUS

Les routes étaient semées de troupeaux humains qu'on envoyait mourir
au fond des mines ou dans les chantiers publics. (P. 10.)

Le Triomphe

DE

LA CROIX

PAR

L. Le Leu

BIBLIOTHÈQUE NATIONALE
RF
IMPRIMÉS

H. & L. CASTERMAN
ÉDITEURS PONTIFICAUX
Paris, Rue Bonaparte, 66 — Tournai (Belgique)

SOMMAIRE HISTORIQUE DU VOLUME

Dioclétien et la dernière des grandes persécutions. — Constantin, ses victoires, le *Labarum*, sa conversion, son baptême. — Pontificats de Marcellin, Marcel Ier, Eusèbe, Melchiade. — Le grand pape S. Sylvestre. — Condamnation des Donatistes et d'Arius. — Le *Credo* de Nicée. — Invention de la vraie Croix. — L'empereur Julien et la rénovation du paganisme. — S. Grégoire de Naziance et S. Basile veulent fonder des ordres religieux en Asie-Mineure comme S. Martin dans les Gaules, S. Ephrem en Mésopotamie, S. Hilarion en Palestine. — SS. Marc, Jules Ier, Liberius, Félix II, Damase Siricius, papes. — Le règne de Julien l'Apostat, essai de restauration païenne. — Mort de Julien. — Désastres romains. — Menaces des barbares. — Le pieux empereur Jovien. — Théodose et S. Ambroise. — Puissance morale de Jésus-Christ sur la société. — S. Jérôme, S. Augustin, S. Jean Chrysos-Rome, splendeur de l'intellectualité chrétienne. — Mort de Théodose. — Extermination de l'idolâtrie. — Les pères du désert. — Les papes Anastase Ier, Innocent Ier. — Nouvelle réaction païenne. — Les grands évêques en Gaule. — Alaric. — La prise de Rome présage de la chute de l'empire d'Occident. — De 295 à 410.

IMPRIMATUR

Tornaci, die 14 Novembris 1899.

J. HUBERLAND, *can. cens. lib.*

LE TRIOMPHE
DE LA CROIX

PREMIÈRE PARTIE

HORS DU TOMBEAU

I

LA VEILLÉE SANGLANTE.

La paix véritable allait enfin se lever sur l'Église, et les bourreaux, lassés, demander grâce à ces chrétiens que les horreurs de la persécution avait multipliés comme le froment confié à la terre et rendus forts comme ces grains de sable de la grève qui sont la barrière silencieuse et puissante des flots dévastateurs.

Dioclétien s'était flatté, cependant, de livrer à l'Église de Jésus-Christ, par la ruse, un dernier et définitif assaut.

Avec une habileté infernale, il était parvenu à surprendre la fermeté du pape Marcellinus dont la main avait, poussée par celle de l'empereur, laissé tomber quelques grains d'un profane encens sur le trépied des idoles.

Mais, loin de produire le résultat attendu par l'empereur, cette complaisance plus naïve que coupable, avait soulevé la douleur de l'Église de Rome tout entière, et le noble et saint

Marcellinus, s'était hâté de la réparer en courant, incontinent,[1] au martyre.[1]

Dioclétien avait perdu, du même coup, tout espoir de voir les chrétiens apostasier par persuasion.

Etait-il sensé de sa part, d'avoir nourri, même un instant, dans son esprit, cette absurde illusion?

Déjà, en effet, la parole de Tertullien était vérifiable au grand soleil, et il était bien évident que la majorité du monde romain avait embrassé la foi.

Aussi, Dioclétien, âgé et prudent, eût pris le parti de laisser l'Église en paix si Galerius, son collègue à l'Empire et l'ennemi déclaré des chrétiens, n'eut pas mis tout en œuvre auprès de lui pour le déterminer à reprendre le dessein de Néron et à se concerter avec tant d'habileté, que le christianisme, enfin terrassé, ne pût résister à ce dernier coup terrible et décisif.

— Eh quoi! disait Dioclétien, y songez-vous? Voulez-vous encore troubler la paix du monde et verser des flots d'un sang inutile? Ne savez-vous pas qu'il est devenu dangereux de persécuter les chrétiens, à cause de leur nombre. Les supplices n'aboutissent à rien puisqu'ils ne demandent qu'à mourir, et, si nous n'avons rien à craindre de leur révolte qui ne se produira pas, ne devons-nous pas nous garder de les faire mourir et de dépeupler l'empire en le privant de citoyens dévoués.

— Tranchons la question, avait répondu Galerius, et remettons-en la solution à un conseil de magistrats et de gens de guerre.

Dioclétien y consentit.

Les conseillers qui tremblaient devant le César des rives du Danube, acclamèrent son idée sans même la discuter et, tout d'une voix, conclurent à la nécessité de poursuivre sans merci les ennemis du culte public.

(1) D'après le *Liber pontificalis* et le Bréviaire.

Mais, Dioclétien qui hésitait encore, envoya consulter l'oracle d'Apollon de Milet.

La pythonisse se plaignit d'être muette et, par sa bouche, Apollon répondit :

— « Les justes répandus sur toute la terre m'empêchent de dire la vérité. »

— Quels sont donc ces justes? demanda Dioclétien aux aruspices.

— Les justes dont parle Apollon, répondirent-ils, ne sont autres que les chrétiens. Il faut les exterminer.

La persécution fut résolue. Elle devait commencer le jour de la fête des Terminales, dernier jour de l'année romaine, choisi par analogie, parce que, dans la pensée des persécuteurs, elle devait mettre un terme définitif à la religion chrétienne.

Et le décret d'extermination, expédié de Nicomédie où se trouvaient alors les empereurs, s'étala bientôt aux rostres du Forum romanum, portant en substance :

« Les églises des chrétiens seront détruites et leurs livres seront brûlés. Les chrétiens seront privés de tous les honneurs, de toutes les dignités et condamnés au supplice sans distinction d'ordre ni de rang. Ils pourront être poursuivis devant les tribunaux sans être admis eux-mêmes à y poursuivre personne, pas même en réclamation de vol ou réparation d'injures d'aucune sorte. Les affranchis chrétiens redeviendront esclaves; leurs chefs, en particulier, seront activement recherchés, mis aux fers et forcés d'abjurer leur croyance. »

Il était impossible de violer davantage toute justice et tout droit.

Nicomédie souffrit la première de ce déchaînement de haine.

L'empereur Maximien Hercule accueillit, de son côté, les décrets avec joie et s'empressa de les mettre à exécution.

Quant au César Constance Chlore, il fit appeler tous les officiers chrétiens de son palais. Quand ils furent réunis :

— Voici, leur dit-il, le texte des décrets; je vous mets

donc en demeure de choisir. Vous resterez dans votre charge en sacrifiant aux dieux ou, par votre refus, vous serez à jamais bannis de ma présence.

— César, dit l'un des officiers chrétiens, parlant au nom de ses camarades chrétiens comme lui, notre attachement à notre foi doit vous être un gage de notre dévouement à votre personne ; faites de nous ce que vous voudrez, nous ne sacrifierons pas !

Cependant, quelques autres, plus attachés aux intérêts de ce monde qu'à leur foi, s'empressèrent de dire au prince qu'ils étaient prêts à sacrifier aux dieux pour conserver ses bonnes grâces.

Toute la cour attendait que Constance Chlore prononçât la sentence.

Après avoir, un instant, gardé le silence, le César prononça ces paroles, qui jetèrent le plus grand étonnement dans tous les esprits :

— C'est bien. Vous, qui venez de renier votre croyance pour sacrifier aux dieux, sachez que je vous tiens pour des lâches et que je me croirais bien insensé d'espérer vous trouver plus fidèle à votre prince qu'à votre Dieu. Eloignez-vous donc de mon service et n'y rentrez jamais ; quant à vous qui, avec courage, avez proclamé votre croyance, je vous estime et, vous tenant pour les plus dévoués de mes serviteurs, je vous confie la garde particulière de ma personne.

C'était là le langage d'un homme juste et sensé ; le César ne devait pas le démentir et les Gaules, jadis si éprouvées, devaient échapper, sous sa juridiction bienveillante, aux horreurs de la tourmente et goûter un peu de paix après tant de douleurs dont les avait affligées, seize ans auparavant, la cruauté de Maximien Hercule.

Jamais plus grande férocité, d'ailleurs, ne fut déployée dans tout le reste de l'empire.

Les prisons regorgeaient. Les routes étaient semées de

troupeaux humains qu'on envoyait mourir au fond des mines ou dans les chantiers publics.

Tous les genres, tous les raffinements de torture furent épuisés. Chaque province avait son supplice préféré : le feu lent en Mésopotamie, la roue dans le Pont, la hâche en Arabie, le plomb fondu en Cappadoce. On ne secourait les victimes que pour prolonger leur agonie. C'était des foules entières de chrétiens que l'on brûlait à la fois et dont on jetait les cendres au vent.

La famille des empereurs, elle-même, ne fut pas épargnée.

Et, quoique le Lion Chrétien, malgré tant de souffrances, ne fut pas mourant, il se trouvait des lâches faussement décorés du nom de philosophes pour l'insulter du pied.

L'intellectualité païenne, vilement adulatrice des empereurs assassins, osait, par la plume de deux sophistes de Nicomédie, verser de stériles et ironiques conseils sur les agonies catholiques qui ralaient, dans les rues, leur dernier et sublime soupir.

En vain, Lactantius et Methodius élevèrent la voix pour la réfutation et l'apologie ; leur voix fut étouffée dans le sang.[1]

En Orient, le Pont, la Cappadoce, la Phrygie, l'Arménie, la Mauritanie, la Thrace, la Galatie, la Palestine, la Thébaïde

(1) S. Méthodius fut évêque d'Olympia et de Tyr. Cité avec éloge par SS. Jérôme, Épiphane, Grégoire de Nysse et André de Césarée, il fut victime de la persécution de Dioclétien pendant laquelle il fit l'apologie de la Foi. Il écrivit contre les livres du philosophe Porphyre pour les réfuter, puis contre les erreurs d'Origène, ainsi que plusieurs traités sur *La Résurrection, Le Libre arbitre, Les créatures.* Ses livres sont perdus pour nous. S. Jean Damascène a cité quelques fragments seulement de ses travaux contre Porphyre.

Lactance était rhéteur, élève d'Arnobe et professeur en Afrique puis à Nicomédie. Il fut plus tard choisi par Constantin comme précepteur de son fils Crispus César. Il vivait volontairement pauvre, malgré son succès, au point de manquer des choses nécessaires. Il reste de ses œuvres plusieurs livres sur *La colère de Dieu, L'ouvrage de Dieu, Les institutions divines, La mort des persécuteurs.* Son éloquence lui valut le titre de Cicéron chrétien.

buvaient à longs traits à la coupe douloureuse des supplices.

En Occident, l'Espagne, la Sicile, l'Italie tout entière, la Toscane nageaient dans le sang.

Innombrables furent les glorieuses phalanges des martyrs. Hélas! nombreuses aussi furent les défections des faibles épouvantés à l'idée des supplices. Des pasteurs même prirent place dans leurs rangs, en très petit nombre, il est vrai, mais assez remarqués pour donner une joie sauvage aux persécuteurs qui liaient les mains des évêques et leur faisaient, de force, jeter de l'encens sur les trépieds des dieux pour proclamer ensuite qu'ils avaient sacrifié.

Mais la terreur passée, les *lapsi*[1] revenaient tous, pleurer aux pieds des pontifes et solliciter leur pardon toujours accordé moyennant pénitence par l'Église miséricordieuse, au nom de Jésus le Miséricordieux des miséricordieux qui avait pardonné au triple renoncement de Pierre à quelques pas de son propre calvaire.

A Marcellinus avait succédé Marcellus, fils du romain Benedictus qui habitait la Via Lata.

Pendant les cinq ans de son pontificat, il creusa de nouveaux cimetières à la faveur de la matrone Priscilla qui lui donna un prœdium sur la Via Salaria. Il partagea les vingt-cinq titres de Rome en autant de paroisses où le Baptême et les autres sacrements étaient donnés à la multitude sans cesse croissante des païens qui venaient journellement à Jésus-Christ. Le César Maxence irrité de le voir réorganiser l'Église, l'avait cité à son tribunal pour lui ordonner de renoncer à sa charge et de sacrifier, et, sur son refus, condamné à servir comme esclave dans les écuries impériales.

---

(1) On appelait ainsi ceux qui, par faiblesse, avaient renié leur foi devant les bourreaux ; ils n'étaient réintégrés dans la communion chrétienne qu'après un long temps de pénitence que les confesseurs pouvaient abréger par délégation et application de leurs mérites.

Il y resta de longs mois et fut, enfin, racheté par les fidèles entendus avec les officiers subalternes, enlevé la nuit et reçu chez Lucina, la noble veuve de Marcus, qui donna asile au pontife dans sa maison qui devint, dès lors, un titre paroissial du nom de Marcellus.

Maxence l'ayant appris, fit arrêter de nouveau le saint pape, raser la maison sanctifiée par la prière quotidienne des fidèles et l'oblation divine et construire sur son emplacement un haras où le pontife fut, de nouveau, condamné à servir comme palefrenier.

Ce fut là que Marcellus mourut, n'ayant pour tout vêtement qu'un cilice, parmi les vils animaux. Le cimetière de Priscilla reçut son corps le XVII des Kalendes de Février.[1]

Depuis deux ans, un prêtre de Rome nommé Eusébius, avait reçu la consécration épiscopale et gouvernait l'Église, coadjuteur de Marcellus qui agonisait lentement dans la glorieuse abjection qu'il souffrait pour Jésus-Christ.

Il était Grec d'origine; héritier de la couronne et des douleurs d'un martyr, il le fut pleinement et ne fit que passer sur la chaire tourmentée de Pierre, pour aller mourir exilé sur les rivages de la Sicile.

Dans cet intervalle, Dioclétien s'était retiré de l'empire. Une maladie affreuse avait fondu sur ce Goliath qui s'était imprudemment mesuré avec Dieu. Fuyant Rome, il était revenu à Nicomédie où Galerius, insultant sa faiblesse, l'avait menacé de le faire massacrer par ses légions, s'il s'obstinait à conserver le pouvoir.

Dioclétien eut peur et joua lâchement la comédie de l'abdication philosophique et volontaire.

Le vieil empereur monta pour la dernière fois sur un trône dressé au milieu de l'immense plaine de Nicomédie.

L'armée et le peuple massés dans la vallée comme sur les

_____
(1) 16 janvier 310. *Liber pontificalis.*

gradins d'un amphithéâtre, attendaient silencieusement et non sans anxiété, les paroles qui allaient tomber des lèvres du maître du monde.

Aux côtés de César, se tenait le jeune Constantin, alors âgé de vingt-cinq ans, fils de Constance Chlore, connu et chéri des soldats, aimé du peuple et attirant tous les regards de la foule dont tous les vœux allaient ardemment à lui, car elle ne doutait pas un instant que ce favori de l'empereur allait, par lui, être proclamé César.

Dioclétien prit enfin la parole. D'une voix altérée par les sanglots, il déclara que son âge et ses infirmités ne lui permettaient plus de supporter le fardeau de l'Empire.

— Après tant d'années de fatigues et de travaux, dit-il, j'ai bien le droit de passer mes derniers jours dans le repos et la paix. Je laisse donc la puissance souveraine et le titre d'Auguste à Galerius et à Constance Chlore. Déjà Sévère a été proclamé César à Mediolanum; je vais lui adjoindre un nouveau collègue.

A ces mots, l'attention de la foule redoubla.

— Il va proclamer César, notre Constantin, pensaient avec joie tous les assistants.

Mais Dioclétien reprit :

— Je proclame César, Maximin Daïa.

La foule se refusait à croire qu'elle eut bien entendu et que la pourpre ait pu échoir à un ancien gardeur de bestiaux, quoiqu'il fut neveu de Galerius. De toutes parts, on demanda que l'empereur répétât ce nom inconnu.

Constantin frémissait d'impatience. Galerius qui le haïssait, s'en aperçut et, le prenant par le bras, l'écarta des marches du trône. Aussitôt, il poussait Maximin devant Dioclétien qui, détachant son manteau de pourpre, le jeta sur les épaules du pâtre.[1]

_____

(1) Lactance. *Mort des persécuteurs*, XVIII.

La foule était déçue, Constantin dévorait l'outrage et Constance Chlore, du fond des Gaules, ne pouvait le venger de cet affront.

Galerius avait pris soin de faire jouer, le même jour, la même comédie en Gaule par son autre collègue Maximien Hercule qui avait nommé César, à sa place, Valérius Severus, un favori de Galerius.

Mais Maximien Hercule devait bientôt ressaisir la pourpre et inviter Dioclétien à en faire autant. La peur retint ce dernier et il la déguisa sous le masque stoïque d'une fameuse réponse :

— Venez voir mes belles salades de Salone, et vous ne me parlerez plus de l'empire !

La main divine devait châtier les crimes de ces deux hommes et étendre sa vengeance à leur race.

Après de nouveaux forfaits, Maximien Hercule devait voir sa femme jetée vivante dans l'Oronte où il avait fait précipiter tant de femmes chrétiennes ; il devait bientôt périr lui-même de la plus tragique façon.

Dioclétien, en proie à tous les fantômes de l'envie sans espoir, à toutes les larves du remords, ne goûtait pas un instant de son repos, qui ne fût troublé par des cauchemars sanglants et empoisonné par les souffrances de son corps en proie à la maladie.

Il se laissa, désespéré, mourir de faim. Peu de temps après, sa veuve, l'impératrice Prisca, fugitive, fut reconnue sous ses haillons, alors qu'elle passait à Thessalonique. Arrêtée et décapitée, son corps fut jeté à la mer.

Les chrétiens, cependant, ne gagnaient rien à tous ces changements de Césars.

La persécution continuait partout aussi sanguinaire et aussi féroce.

Galerius, en effet, qui n'avait tant brigué l'empire que pour trouver un champ plus vaste à la satisfaction de ses instincts de bête fauve, était l'âme damnée de la persécution, par son insatiable férocité.

Le long martyrologe de cette époque ne peut être narré en détail tant il est fécond en horreurs qui dépassent l'imagination humaine.

Cependant, à Eusébius, succéda après quatre mois et seize jours qu'avait duré le pontificat de ce dernier, Melchiades, originaire d'Afrique.

Maximien Hercule allait commettre encore quelques crimes et sentir s'abattre sur lui la main formidable de la justice divine.

Brouillé avec son fils Maxence qui régnait à Rome, il était passé dans les Gaules où il avait reçu l'hospitalité dans la maison de son gendre Constantin, époux de sa fille Fausta.

Ce César avait laissé son beau-père avec le reste de l'armée en Provence, pour aller réprimer sur les bords du Rhin les incursions des Francs, lorsqu'il fut averti que celui-ci avait séduit les officiers et les gouverneurs des villes et s'était emparé du pouvoir.

Constantin accourut à marches forcées à Arles qui lui ouvrit ses portes, et atteignit à Massilia l'usurpateur que, pour toute vengeance, il dépouilla de la pourpre tout en lui permettant de rester dans son palais.

Le vieux Maximien Hercule, enhardi par cette bonté, entra une nuit dans la chambre de son gendre et le poignarda dans son lit. Du moins, il crut l'avoir assassiné; mais il s'était trompé. Il n'avait tué qu'un esclave que Constantin, informé du projet de son beau-père par Fausta, avait fait coucher à sa place.

Surpris au milieu de sa joie féroce, il fut contraint de choisir lui-même son genre de mort et il s'étrangla.

Peu de temps après, Galerius était visité par la justice divine, à son tour, au moment où l'on frappait des médailles commémoratives de l'anéantissement des chrétiens dans tout l'empire; et tandis qu'il préparait encore une persécution, un ulcère affreux dévora toute la partie inférieure de son corps, engendrant la corruption et les vers, son buste entier passait à l'état de squelette.

Sa férocité s'en accrut, puis le remords l'envahit et il voulut tenter d'apaiser le Dieu qu'il avait tant outragé.

Il publia un édit à Sardique, pour rendre la paix et le libre exercice de leur culte aux chrétiens.

Bientôt après, il expirait.

Mais le monde païen voyait avec stupéfaction le sol se couvrir de chrétiens sortant des prisons et des ruines et rendus à la liberté.

C'était un double triomphe, et dans toutes les villes où ils passaient, les confesseurs étaient acclamés et conduits en triomphe, et les païens criaient :

— Le Dieu des chrétiens a vaincu les Césars! Le Dieu des chrétiens est le seul tout-puissant, le seul vrai Dieu!

Cependant, en Orient, Maximin Daïa continuait avec plus de férocité encore à faire des martyrs; sa haine contre les chrétiens allait jusqu'à la démence. Grégoire l'Illuminateur venait de convertir l'Arménie en baptisant son roi Tiridate; Maximin oubliant les services séculaires de l'Arménie, l'envahit à la tête d'une armée formidable.

Les vaillants Arméniens s'armèrent pour défendre la foi et Maximin fut honteusement vaincu dans toutes les rencontres et ignominieusement chassé par eux de leur pays.

L'heure du triomphe allait sonner pourtant, en faveur du christianisme ensanglanté et, dans le ciel, se dessiner lumineux et fulgurant le signe auguste de la victoire du Christ et de la Rédemption humaine.

La sanglante veillée des armes chrétiennes allait se terminer et voir éclater l'aurore.

II

LE CÉSAR PROVIDENTIEL.

Comme Saturne faisait de ses enfants, l'empire romain dévorait ses Césars.

Constance Chlore avait épousé, alors que malgré sa noble origine il n'était encore qu'un simple général romain, une fille de ferme, nommée Hélène, originaire de Drépane et déjà chrétienne. « Noble fille d'étable qui devait chercher avec tant de zèle la crèche du Seigneur, noble *stabularia* qui eut le bonheur de connaître l'hôtelier divin dont la puissance guérit le blessé de Jéricho! noble *stabularia* qui devait préférer l'humilité de Jésus-Christ à toutes les grandeurs du monde, raison pour laquelle Jésus-Christ la choisissait pour l'élever du fumier de l'étable à la pourpre impériale.[1] »

Constantin, son fils, avait dix-huit ans, lorsque Constance fut créé César et contraint par Maximien Hercule de sacrifier Hélène à Théodora, sa belle-fille, qu'il épousa en secondes noces.

Comme un gage de la fidélité de son père, Constantin avait été remis à Dioclétien qu'il accompagnait partout, dans les pompes de la cour comme à la guerre.

(1) S. Ambroise. *Sur la mort de Théodose le Grand.*

Et ces dieux, mon fils, ne leur ont pas donné la victoire,
dit Hélène gravement. (P. 25.)

Il avait été témoin des horreurs de la persécution à Nicomédie, et son âme naturellement bonne en avait été profondément affligée.[1]

Galerius le haïssait. Constantin et son père connaissaient
cette haine.

Cependant, le Ciel préparait la dynastie Constantinienne,
car, de Théodora, Constance Chlore avait eu trois fils : Dal-
matius, Julius Constantius, futur père de Julien l'Apostat,
et Annibalianus, et trois filles : Constantia, Anastasia et
Eutropia, frères et sœurs encore inconnus de Constantin,
vers qui tous les vœux du vieux Constance Chlore se portaient afin de lui léguer la pourpre comme au seul de ses
enfants assez âgé et assez fort pour la porter dignement et la
faire respecter.

Mais Constantin était retenu à Nicomédie par Galerius,
qui l'entourait d'honneurs hypocrites, afin de cacher les
dangers incessants auxquels sa haine prenait à tâche de
l'exposer chaque jour.

En vain, Constance Chlore, sentant sa fin approcher,
dépêchait à son fils courriers sur courriers; plus surveillé
qu'un prisonnier, Constantin ne pouvait se rendre à sa
pressante prière. Usant de ruse, il vint trouver Galerius.

— César, lui dit-il, mon père est mourant en Gaule et
m'appelle; sache que je considère comme de mon devoir filial
d'assister à ses derniers moments et que nulle puissance
humaine ne saurait m'empêcher d'aller le rejoindre et
l'embrasser. Je viens donc solliciter de toi la remise d'un
sigillum, afin que, sous cette égide, tous les relais des
routes impériales soient mis à ma disposition pour mon
voyage.

Devant la fermeté du jeune homme, Galerius n'osa

____

(1) Comme il le déclara aux pères du Concile de Nicée dans son discours.
Patrologie latine.)

refuser nettement. Il lui donna le *sigillum* demandé et lui
dit avec un ton de douceur hypocrite :

— Mon fils, vous voilà rassuré sur un objet auquel vous
attachez un si haut prix. Je viens, en échange de ma prompte
condescendance, vous prier de ne point partir avant que,
demain de bonne heure, je vous aie remis, pour votre auguste
père, des instructions que je vais rédiger cette nuit.

Constantin, ayant serré sur son sein le sigillum, s'inclina
en signe d'assentiment au désir de l'empereur. Galerius eut
alors un infernal sourire que le jeune homme comprit.

A peine sorti de la chambre de l'empereur, il se hâta de
partir de Nicomédie. Une nuit d'avance était pour lui la
liberté et peut être la fortune. A chaque relai, il prenait tous
les chevaux pour sa route et ne laissait ceux qu'il venait de
quitter qu'après leur avoir fait couper les jarrets.

La précaution n'était pas inutile.

Galerius, moins prompt en résolution, s'était couché
tranquillement et, levé de bon matin, avait envoyé aux relais
de poste les plus voisins de Nicomédie, une défense absolue
de fournir aucun cheval au jeune Constantin.

Puis, il se recoucha et retarda son lever jusqu'à midi,
heure à laquelle il fit appeler Constantin.

Au lieu du jeune héros, ce furent ses émissaires qui
apportèrent la nouvelle de ce qui s'était passé pendant la
nuit, tandis que le fourbe empereur ne pouvait retenir des
larmes de rage qui coulaient malgré lui de ses yeux.[1]

Constance Chlore, malgré sa vieillesse, allait passer en
Grande-Bretagne pour combattre une insurrection, lorsque
Constantin arriva.

Il accompagna son père que la mort visita à Eboracum,[2]
après lui avoir laissé le temps d'être victorieux. Le César des

(1) D'après Zozime, Aurelius Victor et Lactance.
(2) Yorck.

Gaules réunit ses principaux officiers, et comme s'approchait ce fils chéri dont l'éloignement lui avait fait répandre tant de larmes, il le regarda avec tendresse.

— Je meurs, mes amis, dit-il, mais je bénis Dieu de m'avoir rendu ce fils bien-aimé.

Ayant ainsi parlé, il ajouta :

— Approche-toi, mon fils, que je te serre dans mes bras et que je te remette le pouvoir suprême.

Et, s'adressant à ses autres enfants, trop jeunes encore pour régner et qui étaient rangés autour de lui.

— Je vous bénis, mes enfants, leur dit-il.

Et il expira.[1] Le lendemain, Constantin était proclamé Auguste par l'armée tout entière.

Mais, en réalité, il ne pouvait encore être que César.

Selon l'usage, il envoya sa statue couronnée de lauriers à ses collègues à l'empire en leur notifiant son avènement.

Le vieux Galerius, irrité, voulut jeter au feu l'image impériale, mais il s'abstint, de crainte de soulever la Nicomédie tout entière qui aimait le jeune César, et, faisant officiellement bon accueil au message impérial, il remit à plus tard ses projets de vengeance qu'il commença à réaliser en refusant à Constantin le titre d'Auguste, que lui avait décerné l'armée de la Grande-Bretagne, pour en investir à sa place son collègue Severus qui régnait à Mediolanum.

Comme le nouvel empereur agrafait son manteau de pourpre, une femme en deuil arrivait à Eboracum le féliciter et pleurer sur le corps de son ancien époux.

C'était l'illustre et sainte Hélène qui, désormais, ne devait plus se séparer de son fils chéri, dont elle allait être l'ange gardien et protecteur jusque dans les périls et les fatigues de ses expéditions les plus lointaines.

(1) D'après Eusèbe.

III

LE SIGNE DU TRIOMPHE.[1]

Il avait pacifié la Grande-Bretagne et la Gaule ; le héros jeta un regard sur l'empire romain, cette vaste agglomération de peuples divers rangés sous un même sceptre comme un corps immense qui obéit à une seule âme.

La capitale du monde lui apparut dans l'oppression où elle gémissait, pareille à une captive éplorée qui l'invitait à venir briser ses chaînes.

Cependant, il ne voulait pas prendre l'initiative de sa délivrance, laissant ce rôle glorieux à ses collègues impériaux plus anciens que lui et plus autorisés.

Mais nul d'entre eux n'était en état de tenter une entreprise qui venait d'échouer récemment à la honte de Valérius.

Constantin résolut donc de sacrifier sa vie pour le bonheur du peuple romain.

Réduit à ses propres forces, il jura de mourir plutôt que de laisser Rome aux mains d'un tyran abhorré.

Maxence, de son côté, n'épargnait rien pour se défendre.

A ses crimes anciens, il en ajoutait de nouveaux et les

(1) Récit d'Eusèbe. *Vie de Constantin*, l. i, ch. xxvi et xxxvi.

forfaits qu'il commettait, alors, dépassaient en horreur tout ce qu'on avait jamais vu.

Sous prétexte d'opération magique, il faisait égorger des enfants et des femmes pour chercher des oracles dans leurs entrailles palpitantes.

Tantôt il sacrifiait des lions ou faisait évoquer les démons dans des mystères horribles, afin d'apprendre de leur bouche la manière de conjurer le sort qui le menaçait et de les décider à rendre ses enseignes victorieuses.

Une famine horrible sévissait alors sur la capitale du monde et le hideux empereur se réjouissait des ravages du fléau, pensant qu'ainsi les dieux s'apaisaient eux-mêmes en prenant tant de victimes.

La grande âme de Constantin sentait toute l'horreur de ce tableau et il en peignait les abominations à sa mère.

— Mon fils, disait Hélène, tu l'as compris, le monde romain attend un sauveur, mais, crois-tu qu'il y a là à combattre autre chose que des forces humaines? Non, ces horreurs sont les œuvres des démons et, contre les puissances infernales auxquelles Maxence a fait appel, il faut d'autres forces que des forces militaires, un autre bras que celui d'un soldat. Dieu seul donne la victoire.

— Oui, ma mère, répondait le jeune et glorieux César. Mais quel Dieu invoquerai-je? Les empereurs, mes prédécesseurs, ont placé leur confiance dans ces dieux que les chrétiens appellent des idoles. Ils ont chargé de victimes et d'offrandes leurs autels...

— Et ces dieux, mon fils, ne leur ont pas donné la victoire, dit Hélène gravement. On a vu ces empereurs, après des oracles qui leur promettaient la gloire et le succès, n'aboutir qu'à l'infortune, aux désastres, à la mort.

— Il est vrai, dit Constantin songeur, et ce sont là, l'avouerai-je, des pensées qui m'agitent.

— Souviens-toi donc, mon fils, reprit Hélène, de la pros-

périté sans nuages qui a toujours accompagné ton glorieux
père; souviens-toi qu'il a pu te laisser providentiellement
cette couronne que tu portes, alors que les autres empereurs,
livrés à leurs passions honteuses, ont terminé déplorable-
ment leur vie sans laisser à leurs fils aucune des éphémères
couronnes qu'ils avaient portées et dont ils s'étaient folle-
ment crus les éternels possesseurs. Ton père a reçu par là la
récompense de sa foi, car, seul entre tous les Césars, il avait
abjuré les traditions idolâtriques pour adorer le Dieu unique
et suprême.

Constantin y songeait.

Il était à la veille d'entreprendre une expédition grave,
que Sévère et Galerius avaient déjà entreprise avant lui et
dans laquelle ils avaient honteusement échoué sous les
auspices des idoles.

— Oui, se disait-il, plus je considère ces choses et plus
je demeure convaincu que les dieux de l'empire sont de vains
fantômes et leur culte une folle superstition. Le Dieu de mon
père me paraît être le seul Dieu véritable.

Et les yeux et les mains levés au ciel :

— O Dieu de mon père, s'écria-t-il, je t'invoque; viens à
mon secours! je te supplie de te manifester à moi et de me
tendre une main protectrice au milieu de tant de périls et
d'angoisses!

Mais un événement devait arracher Constantin à sa
perplexité et précipiter le dénouement du drame de l'empire.

Maxence lui déclara la guerre sous le prétexte de venger
la mort de Maximien Hercule, en réalité pour s'emparer de
la Gaule, dessein qu'il nourrissait depuis longtemps.

Maxence, qui avait rétabli les prétoriens, avait cent
soixante-dix mille fantassins et dix-huit mille cavaliers.

Constantin n'avait que quarante mille vieux soldats.

Il se mit à leur tête, passa les Alpes Cottiennes, emporta
Suse d'assaut et fit capituler Vérone dont il enchaîna la

garnison avec ses propres épées forgées pour cet usage.

Et, poursuivant sa marche triomphale, Constantin arriva aux portes même de Rome où Maxence se tenait enfermé, un oracle l'ayant menacé de mort s'il en sortait. Toutefois, ses généraux conduisaient son armée à sa place.

Constantin avait établi son camp en face du pont Milvius,[1] défiant de lui-même encore malgré ses premiers succès.

Le soleil commençait à décliner, et l'empereur, au milieu de son armée, regardait ce ciel où toutes les religions mettent la divinité et dont il attendait le salut et la force.

Tout à coup, le héros poussa un cri d'étonnement et, du doigt, indiquant l'azur, il montra à tous un merveilleux prodige que tous virent comme lui.

Au-dessus du soleil, entre l'astre déclinant et le zénith immobile, une croix éclatante de lumière était nettement tracée, et sur la croix miraculeuse on lisait ces mots : In hoc vinces. (Sois vainqueur par ce signe).

L'étonnement de tous était grand et Constantin n'était pas le moins étonné. Quand la vision se fut effacée, il se retira seul sous sa tente et resta plongé dans des réflexions profondes jusqu'à la nuit qui le surprit encore occupé à chercher la solution du problème.

Quand le sommeil eut fermé ses paupières, le Christ lui apparut en songe, porteur du même signe qu'il avait vu resplendir dans les airs.

— Constantin, lui dit-il, tu cherches quel Dieu t'assurera la victoire, c'est moi. Tu as vu mon Signe dans les cieux, fais-le reproduire sur tes enseignes et tu vaincras.

Constantin jura qu'il n'adorerait plus d'autre Dieu que celui qui venait de se révéler si miraculeusement à lui.

Il fit assembler les prêtres de Jésus-Christ et leur dit, après leur avoir raconté sa vision :

(1) Le Ponte-Molle actuel.

— Quel est donc ce Dieu qui s'est ainsi manifesté à mes yeux ? que me présage ce symbole qu'il a deux fois reproduit sous mes yeux ?

— Le signe de la Croix, lui répondirent-ils, est le symbole de l'immortalité, le trophée de la victoire remportée sur la mort par le Verbe éternel et fait chair.

Alors, ils lui apprirent l'avènement du Fils de Dieu sur la terre en lui en indiquant les motifs et en l'instruisant du sublime mystère de l'Incarnation.

Plein d'émotion, et se souvenant des discrets enseignements de sa mère Hélène, Constantin écoutait avidement leurs paroles. Il sentait vraiment s'étendre sur lui la protection de ce Dieu qu'il n'avait pas invoqué en vain.

Tous ses loisirs furent, dès lors, consacrés à étudier les saintes Lettres sous la direction des docteurs et il se prépara à poursuivre son expédition contre Rome, mais non sans avoir montré quel prix il attachait à l'insigne faveur du Ciel.

Il fit appeler des orfèvres et leur ordonna d'exécuter une enseigne nouvelle pour ses troupes.

C'était une *haste* allongée, revêtue d'or et munie d'une antenne transversale à l'instar de la croix ; au sommet de la *haste* était fixée une couronne d'or et de pierreries au centre de laquelle figurait le monogramme du Sauveur c'est-à-dire les deux premières lettres grecques du nom sacré du Christ, le X et le P, groupés en un seul chiffre. A l'antenne obliquement traversée par la *haste*, était suspendu en guise de voile un tissu de pourpre enrichi de pierreries artistement serties et combinées, éblouissant les yeux par leur éclat sans pareil. Ce voile avait la forme d'un carré parfait. A sa partie supérieure était représentés en fine broderie le buste de l'empereur et ceux de ses enfants.

Tel était le glorieux *Labarum* dont chaque légion possédait une reproduction.

D'ailleurs, Constantin avait fait, en outre, graver le monogramme du Christ non seulement sur son casque mais sur les boucliers de ses soldats.

Dès lors, une enseigne mystérieuse marcha au combat à côté des aigles romaines.

Ainsi, la Croix, odieuse jusqu'à ce jour, à peine représentée par les chrétiens eux-mêmes dans leurs peintures et leurs sculptures, à cause de l'infâmie humaine qui s'attachait à son signe divin, la Croix, gibet réservé aux plus vils criminels, après trois siècles d'outrages et de persécutions, triomphait d'une manière éclatante et providentielle, elle s'élevait au-dessus de toutes les vénérations et devenait l'étendard romain que le monde vaincu allait invinciblement adorer.

« La bataille[1] qui allait se livrer entre Maxence et Constantin, allait être du petit nombre de celles qui, expression matérielle de la lutte des opinions, deviennent non un simple fait de guerre mais une véritable révolution.

» Deux cultes et deux mondes allaient se rencontrer au pont Milvius; deux religions se trouver en présence, les armes à la main, au bord du Tibre, à la face du Capitole antique.

» Maxence interrogeait les livres sybillins, sacrifiait des lions, éventrait des victimes humaines et fouillait les entrailles des enfants arrachés au giron maternel, dans la pensée que des cœurs aussi innocents ne pouvaient recéler aucune imposture.

» Constantin arrivait guidé par l'impulsion de la divinité et la grandeur de son génie, car ce sont là les paroles qui seront gravées sur son arc triomphal : « *Instinctu Divinitatis, mentis magnitudine.* »

» Les anciens dieux du Janicule voyaient rangées autour de leurs stériles autels les légions qui avaient, en leur nom,

(1) Dit Chateaubriand.

conquis l'univers; mais, en face de ces soldats, étaient les soldats du Christ. Le *Labarum* dominait les aigles et la terre antique de Saturne allait voir régner Celui qui avait prêché sur la montagne.

» Le temps et l'humanité avaient fait un grand pas! »

Ce fut le 28 octobre 312, qui vit livrer cette décisive et solennelle bataille.

Maxence, oubliant la défense de ses devins, était sorti de Rome. Il avait franchi le Tibre sur un pont de bois coupé en deux parties mobiles et son plan était d'y attirer Constantin pour le noyer dans le fleuve. Il adossa son armée au Tibre, par une étonnante faute de stratégie.

Constantin comprit cette imprévoyance, il ordonna l'attaque; le choc fut terrible et son habileté suppléa aux forces qui lui manquaient. Les lignes de bataille de Maxence furent enfoncées, ses plus vaillants soldats tués à leur poste, les autres engloutis dans le fleuve où ils se précipitèrent affolés.

Maxence, épouvanté, revint vers le pont pour le traverser et rentrer dans Rome, mais la foule qui l'accompagnait le fit crouler. L'empereur, précipité dans le fleuve, y trouva la mort qu'il avait préparée à Constantin triomphant.

Le lendemain, le héros chrétien entrait triomphalement dans la Ville Éternelle et jamais[1] aucun jour, depuis la fondation de Rome, n'avait été plus heureux. Aucun des triomphes dont l'antiquité avait laissé la description ne pouvait être comparé à celui-ci.

On ne voyait pas marcher devant le char du vainqueur, des généraux ennemis enchaînés, mais un peuple affolé de joie et toute la noblesse romaine délivrée des fers qu'un infâme tyran lui avait fait porter, par les plus atroces exactions. On ne jeta point de barbares au fond des cachots,

(1) Dit l'orateur Nazarius.

mais on en tira les consulaires que l'avidité et la cruauté de Maxence y tenaient enchaînés.

Ce ne furent pas des captifs étrangers qui firent la pompe de cette fête, mais Rome, elle-même, reconquise à la liberté, Rome qui n'avait rien pris sur l'ennemi mais qui s'était reprise elle-même, ne s'étant point enrichie d'un butin nouveau mais ayant cessé d'être la proie d'un tyran et, comble de gloire, elle avait reprit ses droits à l'empire.

A la place des prisonniers de guerre que le vainqueur avait dédaigné de placer dans cette pompe, chacun substituait, par la pensée, d'autres captifs et croyait voir enchaînés les monstres les plus cruels au genre humain : L'impiété domptée, la perfidie vaincue, l'orgueil et l'arrogance, la licence et la débauche, ennemis furieux dont les excès avaient été si terribles et qui frémissaient, sans doute, dans la rage de se voir réduits désormais à l'impuissance de nuire.[1]

Le héros n'exerça d'autres représailles que de casser la milice prétorienne qui mettait la pourpre à l'encan et tenait le trône impérial en échec depuis deux siècles.

Quelques mois après, le César Licinius sur le point de livrer bataille à son collègue l'infâme Maximin Daïa, le dernier persécuteur des chrétiens, recevait la vision d'un ange qui lui dictait les paroles d'une prière que ses soldats devaient répéter deux fois avant d'engager le combat.

Elle fut efficace, car Maximin vaincu fut réduit à prendre la fuite et à s'empoisonner à Tarse au milieu d'un repas.

Le Dieu des chrétiens avait tenu parole à Constantin, le *Labarum* avait vaincu ; un instant encore et l'empire est chrétien !

(1) **Nazarius**. *Panégyrique de Constantin Auguste.*

IV

CLARTÉS DE FOI, OMBRES D'ORGUEIL.

La victoire, gagnée en principe, allait, peu à peu, s'affirmer dans ses détails.

A Melchiades avait succédé le grand pape Sylvestre, romain d'origine, sous le pontificat duquel allait s'affermir au grand jour l'idée chrétienne et catholique.

Bientôt Constantin publiait un édit[1] pour donner à tout l'empire la liberté religieuse, sans distinction de culte ni de secte, et pour rendre aux chrétiens, en particulier, tous les biens moraux et matériels dont ils avaient pu être spoliés.

Déjà, la ville de Rome allait se couvrir de basiliques que l'empereur ferait construire.

C'est Saint-Jean-de-Latran, au frontispice de laquelle on voyait une statue cathédrale du Sauveur en argent, du poids de cent vingt livres, entourée de celles des douze apôtres couronnées d'argent massif, chaque statue pesant quatre-vingt-dix livres. A l'abside, le Sauveur était assis sur un trône d'or entouré de quatre anges d'argent portant une croix à la main, et leurs yeux étaient faits de rubis, leur trône en argent. Une

(1) Le fameux édit de Milan publié par Constantin et Licinius, empereurs.

lampe d'or pur, suspendue au bas du frontispice, donnait de la lumière par la bouche de cinquante dauphins. La voûte de la basilique était revêtue d'or en lames. Sept autels d'argent, de nombreux vases sacrés d'or et d'argent, des lampadaires de même métal en grand nombre, trois urnes d'argent pour l'eau bénite, un agneau d'or massif versant l'eau dans le vaste baptistère de porphyre auprès de deux statues d'argent, l'une représentant le Sauveur, l'autre saint Jean-Baptiste portant cette inscription : « *Ecce Agnus Dei, ecce qui tollit peccatum mundi*, » sept cerfs d'argent versant aussi l'eau bénite pour le baptême, des trépieds d'or et un brûle-parfum de même métal enrichi de pierreries, telle était une partie des richesses de cette basilique dotée, en outre, par l'empereur qui y avait attaché son nom, d'immenses revenus provenant des fonds les plus divers.

C'était la basilique de Saint-Pierre,[1] élevée à la prière de l'évêque Sylvestre, sur l'emplacement du temple d'Apollon, pour abriter les restes glorieux du bienheureux Apôtre, qui furent déposés dans un loculus d'airain de Chypre supporté par vingt colonnes du même métal et entouré de colonnes de porphyre et de jaspe demandées à la Grèce.

Des richesses égales à celles de Latran furent données à cette basilique tant en meubles précieux qu'en dotations et revenus, et Constantin fit faire pour elle une croix d'or massif sur laquelle on grava les dimensions de l'édifice et cette phrase qui en termine la description : CONSTANTIN ET L'AUGUSTE HÉLÈNE ONT ÉLEVÉ CETTE BASILIQUE OÙ LA SPLENDEUR ET LA MAJESTÉ ROYALE ÉCLATENT DE TOUTES PARTS.

C'était la basilique de Saint-Paul hors les murs, également érigée à la prière de l'évêque Sylvestre, par Constantin, à la gloire du bienheureux apôtre Paul, dont le corps fut placé dans un loculus semblable à celui du bienheureux

---

(1) La première, la basilique Constantinienne de S.-Pierre.

Pierre; elle reçut les mêmes meubles précieux que la basilique du Vatican et de riches revenus.

C'était la basilique de la bienheureuse Agnès, celle du bienheureux diacre Laurent, celle des saints Pierre et Marcellin *inter duas lauras*, celle des apôtres Pierre et Paul à Ostie, celle d'Albano en l'honneur de Jean-Baptiste, celle de Capua en l'honneur des Apôtres, celle de Neapolis, et bientôt allait s'élever celle de Sainte-Croix en Jérusalem, lorsque le bois sacré du divin sacrifice serait découvert par l'impératrice-mère Hélène, toutes dotées de grands revenus.[1]

De jour en jour, de nouveaux décrets émanés de Constantin coupaient, une à une, sans violer ni altérer aucune des lois de l'empire, les branches résistantes du vieux tronc du paganisme encore debout et dont les racines s'alimentaient du suc des superstitions populaires qui parlaient encore à l'imagination des païens.

La discorde s'était mise entre Constantin et Licinius, ce dernier étant mieux partagé dans la répartition des provinces, et le sort des armes avait favorisé Constantin.

Licinius, qui avait d'abord fait profession de christianisme, changea tout à coup de sentiments et ensanglanta l'Orient par une persécution cruelle qui visait surtout les prêtres, les évêques et les soldats chrétiens.

L'évêque Blasius entre tous, pasteur de Sébaste, y subit le martyre avec plusieurs saintes femmes qui l'avaient consolé pendant les phases de son supplice.

Mais l'histoire a conservé la mémoire des quarante soldats

---

(1) Ces revenus, ainsi que la nature détaillée du mobilier de ces basiliques, sont exactement mentionnés dans le *Liber pontificalis* et calculés en *solidi* d'or qui pesaient chacun une once, soit 27 grammes et demi. Le total des revenus des douze basiliques s'élevait à 31,062 *solidi* d'or pur. Le *solidus* vaudrait aujourd'hui 96 fr. 50 de notre monnaie au prix du gramme d'or pur estimé à 3 fr. 50, ce qui permet d'évaluer à deux millions huit cent quatre-vingt dix-sept mille quatre cent trente-trois francs (2,897,433) *de rente*, les revenus totaux. (Darras.)

qui souffrirent, en cette ville, pour la foi de Jésus-Christ.

Le gouverneur Agricola avait réuni la garnison de Sébaste pour lui lire les nouveaux édits de Lucinius, interdisant à tout soldat de professer la religion chrétienne.

Cette lecture était à peine faite que quarante légionnaires sortirent des rangs, se présentèrent tour à tour devant le gouverneur et, chacun d'eux faisant le salut militaire, lui dit :

— *Præses*, je suis chrétien.

Leurs noms nous ont été conservés par l'histoire avec les actes de leur martyre.

Agrippa ordonna qu'on les flagellât d'abord, puis il leur fit déchirer la chair avec des ongles de fer pendant que, dans sa rage, il les menaçait de toutes les tortures.

— Misérables, s'écria-t-il, je vous ferai jeter dans les flammes d'un bûcher !

— Nous ne craignons, répondirent les généreux soldats du Christ, pas d'autre feu que celui de l'enfer.

Alors, le *præses* se mit en tête de leur faire subir un supplice inusité et de son invention.

On était au cœur de l'hiver très dur dans cette partie de l'Arménie et, devant les murs de Sébaste, il y avait un immense étang, si complètement gelé, que des chariots pesamment chargés pouvaient le traverser sans crainte.

Agricola ordonna d'y exposer toute la nuit et gardés à vue, les quarante soldats dépouillés de leurs vêtements.

Tout auprès, il avait fait préparer des bains tièdes, afin que les apostats, s'il s'en trouvait parmi eux, pussent s'y réchauffer immédiatement et revenir ainsi à la vie.

Les quarante soldats se dépouillèrent eux-mêmes de leurs vêtements et coururent à leur poste de martyre.

— Une mauvaise nuit, disaient-ils, nous vaudra le bonheur d'un lendemain éternel. Seigneur, nous sommes quarante en ce combat, faites que nous soyons quarante pour la victoire !

Cependant, le froid figeait leur sang dans leurs veines, et leurs gardes leur disaient :

— Allons, obéissez plutôt aux ordres de l'empereur et venez vous réchauffer au bain !

Un d'entre eux, alors, succomba à la tentation, quitta son poste d'honneur et vint se baigner dans l'eau chaude où, par une réaction facile à comprendre, il expira aussitôt.

En ce moment, un des gardes vit un ange qui, descendant du ciel avec quarante couronnes et n'en pouvant distribuer que trente-neuf, semblait attendre qu'un nouvel élu se montrât pour recevoir la dernière.

Frappé par cette vision, il appela le commandant de son poste et lui dit :

— Commandant, je suis chrétien !

Et, aussitôt, enlevant ses vêtements, il courut mourir de froid avec les trente-neuf martyrs.

Le lendemain, on chargea tous ces corps dans un chariot pour les mener au bûcher, sauf le plus jeune qui respirait encore et dont on tenta d'ébranler la résolution jusqu'à ce suprême moment.

Mais sa mère accourant, le prit dans ses bras et, le mettant avec les autres sur le chariot :

— Va, mon fils, lui dit-elle, avec tes compagnons, achever ce glorieux voyage. Qu'il ne soit pas dit que tu te seras présenté à Dieu le dernier de tous.

Ainsi moururent ces héros dont les cendres, jetées dans le fleuve, furent en partie recueillies par les chrétiens.

Constantin, pendant ce temps-là, avec son fils Crispus, soumettait les Sarmates et les Goths sur le Danube et les Francs sur le Rhin. D'autres triomphes les attendaient.

Bientôt après, la lutte s'engagea sans merci entre l'empereur chrétien et Licinius. Il s'agissait de savoir qui allait être enfin vainqueur de Jupiter ou de la Croix.

La victoire ne fut pas un seul instant douteuse ; les

Au-dessus du soleil, entre l'astre déclinant et le zénith immobile,
une croix éclatante de lumière était nettement tracée. (P. 27.)

soldats de Licinius jetèrent leurs armes pour mieux fuir.

Constantin fit grâce de la vie à leur chef et, l'ayant dépouillé de la pourpre, l'envoya vivre à Thessalonique où il s'engagea à lui servir une pension honorable. Mais un an ne s'était pas écoulé qu'il regrettait d'avoir été si doux envers son beau-frère et le faisait étrangler. Toutes les lumières de l'Évangile n'avaient pu mettre dans cet instrument de Dieu, encore pétri des vices inhérents à l'empire, le baume de cette charité sans laquelle Jésus n'eût pas été le Christ.

Hélas! qui eut pu le supposer? mystère de la faiblesse humaine!... Constantin à l'apogée de sa puissance, un pied sur l'Orient, l'autre sur l'Occident, assis sur les débris du monde païen enfin terrassé, tenant dans sa main le monde tout entier qu'il devait à Jésus-Christ par la vertu puissante de la Croix, céda à l'influence artificieuse de l'impératrice Fausta, sa seconde femme, qui ne voyait dans le christianisme qu'un escabeau. Constantin persécuta l'Église et fit mourir un grand nombre d'innocents.[1]

Un des plus fidèles amis de l'empereur s'écria que le monde retombait dans les mauvais jours de Néron, et le pape Sylvestre, chassé de Rome par la persécution, était obligé de se réfugier sur le mont Soracte.[2]

Pendant que le front de l'empereur chrétien était ébloui par l'orgueil, l'écume nauséeuse des crimes césaréens obscurcissait son cœur et son pied glissait dans le sang des innocents et de sa propre famille. Par son ordre, Crispus, son fils, était poignardé et Fausta étouffée dans un bain.

Et ce fut alors que le consul Ablavius afficha à la porte du palais impérial, un distique plus acéré qu'un poignard, quand on pense que le consul Ablavius avait reçu de Constantin, naguère, les lettres les plus chrétiennes :

(1) Moïse de Corène. *Hist. Armen.*, l. II, ch. LXXXIX.
(2) *Liber pontificalis*, Eutrope, l. X.

» N'allez plus réclamer l'âge d'or de Saturne,
» Notre temps est de perle... à la mode de Néron!...[1] »

Cependant, Dieu ne saurait abandonner tout à fait ceux qui ont, une fois, mis le pied docilement dans les voies de sa grâce, et, il ménageait au grand homme égaré la leçon de la douleur sous deux formes : le remords et la maladie.

L'empereur chrétien porta sa conscience bourrelée chez les Flamines et leur demanda s'ils avaient des cérémonies lustrales assez efficaces pour le purifier.

Ils se déclarèrent impuissants.

Alors, un chrétien, familier du palais, insinua à l'empereur que l'Église avait un baume pour toutes les plaies, un pardon pour tous les crimes et que, s'il voulait retrouver la paix, c'était aux prêtres de Jésus-Christ qu'il devait s'adresser.

Une affreuse maladie l'avait, en outre, frappé[2] et, pour sa guérison, il avait vainement consulté tous les aruspices et les devins, allant jusqu'à demander officiellement au roi d'Arménie de lui envoyer les plus célèbres magiciens de son pays.

Il comprit, enfin, que Jésus-Christ qui lui avait donné la victoire par le signe de la Croix, pouvait seul, par la vertu du même signe, lui rendre la santé et la paix, et il résolut de demander le baptême.

______

(1) Sidoine Apollinaire, *Epîtres*, l. v, 8 ; *Patrologie latine*, l. LVIII, coll. 539. — Darras, *Hist. eccles.*, etc. — Le mont Soracte est aujourd'hui *Monte Orestio.*

(2) L'Elephantiasis qu'il avait peut être gagné en Orient où cette maladie était commune.

V

ALLELUIA!...

Sylvestre priait dans la grotte déserte où il s'était retiré avec quelques prêtres, fuyant comme lui cette persécution si imprévue, lorsque, tout à coup, un des clercs poussa un cri de stupeur et désigna au pontife l'objet de son émoi, en disant :

— Saint Père! nous sommes perdus! voyez!

Sylvestre jeta les yeux sur les rochers qu'escaladaient de nombreux soldats avec ardeur, en criant :

— Où est l'évêque Sylvestre? Nous venons chercher l'évêque Sylvestre par ordre de l'empereur.

Le saint Pontife sortit de la grotte et se montra à eux :

— C'est moi qui suis Sylvestre!

Et, se tournant vers ses prêtres :

— Mes frères bien-aimés, leur dit-il, le temps de confesser notre foi est venu, l'heure du martyre a sonné, soyons forts en Jésus-Christ notre Sauveur, voici le moment de la grâce et le jour du salut!

Il se livra alors aux soldats, qui emmenèrent à Rome et conduisirent au palais de l'empereur, Sylvestre, les trois prêtres et les deux diacres qui l'accompagnaient.

Constantin était sur son trône, l'évêque le salua :

— César, que la paix et la victoire, filles du Ciel, accompagnent toujours ton auguste personne !

L'empereur sourit avec bienveillance et lui dit :

— Ecoute; j'ai eu, la nuit passée, une vision de deux personnages lumineux qui m'ont commandé de recevoir le baptême. Peux-tu me dire quels sont ces dieux ?

— Ce ne sont pas des dieux, répondit l'illustre évêque, mais les deux apôtres Pierre et Paul choisis par le Christ pour fonder son Église.

— Avez-vous leur portrait? demanda l'empereur, je verrai si l'image ressemble à celle qui m'est apparue.

Aussitôt, le Pontife envoya un de ses diacres chercher l'image des Apôtres. Quand Constantin l'eut vue :

— Voilà bien, s'écria-t-il, les deux personnages qui me sont apparus! Désormais, je ne veux plus différer; qu'on prépare tout pour mon baptême!

Sylvestre, alors, lui recommanda la pénitence pendant sept jours de jeûne, de méditation et de prières.

Son affreuse maladie ne permettant pas de le baptiser en grande pompe, on disposa pour la cérémonie, un des vestibules du palais de Latran.

Le jour fixé arriva et Constantin, plus majestueux encore dans son repentir que dans ses triomphes, entouré de ses plus proches et de ses plus intimes, assisté par sa mère qui pleurait de joie, inclina sa fière et victorieuse tête sous la main bénissante du pontife de Jésus-Christ et entra dans les eaux du *lavacrum* qui devait conserver son nom.[1]

Au moment même où l'évêque prononçait les sacramentelles formules, la lèpre s'évanouit et il sortit des ondes

---

(1) Cette urne demeura un des plus beaux ornements de la basilique de Latran. Ce fameux baptistère est désigné par le *Liber pontificalis* sous le nom de *Lavacrum Constantinianum*. Ammien Marcellin en parle dans son *Histoire*, l. xxvii, ch. ii.

baptismales aussi net que jadis Naaman le Syrien, assaini par le prophète dans les ondes du Jourdain.

Dès lors, sa reconnaissance pour le Christ éclata, superbe, et il ne perdit aucune occasion de la manifester au monde.[1]

Par son ordre, le sénat et le peuple furent assemblés extraordinairement au palais Alpianus.[2] L'empereur se plaça dans l'abside sur le siège du magistrat et fit entendre, par une des proclamations les plus solennelles de l'histoire, le glas officiel des funérailles du monde païen et le chant du couronnement chrétien du monde nouveau.

— Ouvrons les yeux, s'écria-t-il, les dieux si longtemps adorés, ne méritent ni ce nom auguste ni le culte qu'on leur a si longtemps rendu. Renonçons à cette superstition que l'ignorance a enfantée et que la déraison a nourrie. Je déclare que, par la grâce du Christ notre Dieu, j'ai abjuré l'idolâtrie.

« Pour l'attester à la face de l'univers, j'élèverai à Dieu une basilique dans l'enceinte même du palais Lateranus et je prouverai ainsi au monde que nul vestige des erreurs passées, aucun doute, aucune hésitation, ne reste plus au fond de mon cœur. A l'avenir, les pontifes de la religion chrétienne, jouiront de tous les privilèges qui avaient été jadis conférés aux prêtres des idoles. »

Pendant que les sénateurs et les grands de l'État écoutaient d'un air morne, la foule éclata en acclamations frénétiques et cria :

— Malheur à ceux qui nient le Christ! Le Dieu des chrétiens est le seul vrai Dieu! Qu'on ferme les temples païens et qu'on ouvre des églises à Jésus-Christ! Ceux qui n'adorent pas le Christ sont les ennemis des Augustes et du peuple

(1) C'est à partir de cette époque qu'il fit construire et dota les célèbres basiliques dont nous avons parlé au chapitre précédent.

(2) Ce palais occupait l'espace actuel d'un des quartiers voisins de la place Trajane.

Romain! Le Dieu qui a guéri l'empereur est le seul véritable! Un adorateur du Christ est invincible!

Et l'effervescence montait. On criait maintenant :

— Au ban de Rome les prêtres des idoles! les sacrificateurs! Proscription! Qu'ils sortent aujourd'hui même!

Mais Constantin, plus sage, fit signe qu'il allait parler :

— Ecoutez, dit l'auguste empereur, et sachez qu'il y a cette différence entre le service de Dieu et celui des hommes, que le second est forcé, tandis que le premier est volontaire.

« Dieu étant honoré par l'intelligence et une sincère affection, son culte est libre et spontané, le pouvoir humain ne peut y contraindre personne. Que ceux donc qui refuseront de devenir chrétiens ne craignent pas de perdre nos bonnes grâces. Nous désirons qu'ils nous imitent, c'est un devoir plein de douceur. Telle est pour nous la règle de vérité et de justice. Mon affection la plus étroite sera acquise à ceux qui embrasseront spontanément la foi chrétienne. »

Et la majesté peinte sur la figure du héros chrétien, illuminait de justice d'aussi sages paroles. Chrétiens et païens le comprirent et l'acclamèrent en chœur en criant :

— Gloire à César! Longue vie à Auguste!

L'assemblée se sépara pacifiquement. La ville de Rome fut illuminée par des couronnes de cires et de lampes et l'allégresse éclatait de toutes parts.

Du fond des catacombes, la lumière des saints montait vers les cieux comme un encens de louange éternelle au Christ vainqueur, et ceux qui n'avaient jusqu'ici versé leur prière que dans la nuit de ces glorieux tombeaux, s'embrassaient en disant dans une éclatante allégresse de printemps nouveau :

— *Christus surrexit vere!*

— Alleluia! Alleluia!...

Oui, le Christ était, une deuxième fois, ressuscité! Et le monde semblait à tous une seconde fois sauvé!

VI

CREDO.

L'Église respirait maintenant à l'aise. Elle n'avait plus à se préoccuper que de combattre l'hérésie qui, avec autant d'acharnement que jamais, essayait de l'entraver dans sa marche triomphale.

Les Donatistes la troublaient alors, prétendant que l'Église en pardonnant aux traditeurs[1] et aux lapsi n'était plus l'Église de Jésus-Christ, que, seuls, ils la représentaient dignement, et pour affirmer cette thèse, ils rebaptisaient quiconque passait à leur schisme.

Constantin avait ordonné une enquête judiciaire contre eux en Afrique, et le concile d'Arles les avait condamnés ainsi que ceux d'Ancyre, de Neocésarée et de Ganges, sans pouvoir détruire, toutefois, le dernier ferment de cette hérésie qui devait, longtemps encore, rester vivace.

Puis Arius s'était levé, niant la consubstantialité du Verbe divin, seconde personne de la Trinité, et soutenant

---

(1) Les traditeurs étaient ceux, particulièrement les évêques, qui avaient livré les saintes Écritures aux exécuteurs qui avaient ordre de les rechercher pour les brûler. Ils furent nombreux en ces temps d'affolement et de terreur sanglante. Mais l'Église, miséricordieuse, accueillait toujours leur repentir moyennant pénitence.

que le Fils de Dieu était une créature tirée du néant par Dieu qui s'en était servi pour créer le monde.

Pour combattre cette erreur qui prenait des proportions énormes et mettait en échec la foi de la Catholicité tout entière à la divinité de Jésus-Christ, Osius de Cordoue et le patriarche d'Alexandrie, Alexandre, conseillèrent à Constantin de réunir un concile œcuménique, c'est-à-dire composé des représentants de toutes les églises de l'Univers, afin de proclamer l'unité de la foi catholique à la divinité de Jésus-Christ.

L'empereur y consentit et, de concert avec le pape Sylvestre, il convoqua en assemblée générale tous les évêques du monde à Nicée en Bithynie, pour le mois de juin 325.

Des extrémités de la terre, trois cent dix-huit évêques, entourés de prêtres, de diacres et de clercs, répondirent à cet appel. Jamais plus grandiose spectacle n'avait été donné au monde. C'était l'élite de l'humanité qui se donnait rendez-vous pour établir un principe de foi.

Tous ces hommes vénérables, martyrs pour la plupart, venaient appuyer de leur témoignage la divinité de celui qu'ils avaient confessé Dieu devant les bourreaux.

L'Arianisme, de son côté, avait réuni tous ses adhérents. Le monde entier avait les yeux fixés sur Nicée.

En des séances préliminaires et closes, on discuta les doctrines d'Arius avec soin, et quand l'hérésiarque fut jugé confondu, on fixa au 9 juin la séance publique du concile.

Constantin était arrivé de Nicomédie. Vêtu d'une tunique de pourpre et d'un manteau ruisselant de pierreries, il fit son entrée dans la grande salle du palais de Nicée; tous les évêques assemblés se levèrent. Un trône d'or lui avait été préparé et les pères du concile l'invitèrent à s'y asseoir.

Eustache d'Antioche, au nom de l'auguste assemblée, prit la parole et lui dit :

— Tout puissant empereur, grâces immortelles soient rendues au Dieu qui tient dans sa main les sceptres et les couronnes! Nous le bénissons de vous avoir choisi pour anéantir l'erreur idolâtrique et proclamer la liberté du culte chrétien. Les ténèbres ont fait place aux clartés de la sagesse divine qui illumine le monde. Le Père est glorifié, le Fils adoré, l'Esprit-Saint annoncé. La Trinité consubstantielle, l'Unité divine en trois Personnes est partout adorée! C'est par elle, auguste empereur, que votre règne est glorieux; maintenez donc inviolablement la foi à la Trinité; quiconque porte une main hérétique sur ce dogme fondamental, renverse toute l'économie de la Religion chrétienne.

« Arius a rendu nécessaire une réunion si nombreuse d'évêques. Admis à l'honneur du sacerdoce dans l'église d'Alexandrie, il a rompu avec l'enseignement des prophètes et des apôtres; il ne rougit pas de dépouiller le Verbe de Dieu, Fils unique du Père, de sa consubstantialité divine. Idolâtre d'un nouveau genre, il ravale le créateur au niveau de la créature!

» Il vous appartient, auguste empereur, de le déterminer à changer de sentiment ou de sanctionner sa séparation de la communion du Christ et de la nôtre, vous mettrez ainsi un terme aux séductions qu'il a trop longtemps exercées. »

Eustache se rassit à la droite du trône. Constantin regarda l'assemblée avec douceur, puis, après un moment de recueillement et de silence, il dit d'une voix calme :

— Bien-aimés Pères, c'était le plus ardent de mes vœux de pouvoir jouir du bienfait de votre présence, et je rends grâce au Roi des rois de l'avoir exaucé.

« Que nul ennemi ne trouble notre prospérité. Avec l'aide du Christ Sauveur, j'ai anéanti les tyrans qui avaient déclaré la guerre à Dieu. Une division intestine est plus dangereuse qu'une lutte armée. Pour y mettre un terme, je vous ai convoqués tous et ma joie sera parfaite de voir tous les cœurs et toutes les intelligences se confondre en une même foi.

» C'est à vous, pontifes consacrés à Dieu, de proclamer la

vraie doctriné et de la faire partager par la persuasion.

» Faites donc tous vos efforts, ministres chéris de Dieu, serviteurs dévoués de notre commun Sauveur et Maître; travaillez ensemble à rétablir la paix, à resserrer les nœuds de la concorde, à faire disparaître tout sujet de division. Ainsi, vous aurez bien mérité de Dieu notre Père, et de moi qui me fais gloire de le servir. »

Les délibérations commencèrent; toute la substance des discussions antérieures fut publiquement reprise et, quand toutes les difficultés furent aplanies, on convint d'adopter le mot *consubstantiel* comme le plus propre à trancher toutes les subtilités de l'erreur.

Alors, Osius de Cordoue, légat du pape Sylvestre, se leva et, au nom du Concile tout entier, prononça, en grec, à haute voix, cette magistrale expression du dogme chrétien :

« Nous croyons en un seul Dieu, Père tout-puissant, créateur du ciel et de la terre, de toutes choses visibles et invisibles, et en un seul Seigneur Jésus-Christ, Fils unique de Dieu, né du Père avant tous les siècles, Dieu de Dieu, lumière de lumière, vrai Dieu de vrai Dieu, engendré et non créé, *consubstantiel* au Père par qui toutes choses ont été faites; qui est descendu des cieux pour nous, hommes, et pour notre salut : qui s'est incarné en prenant un corps dans le sein de la Vierge Marie, par l'opération du Saint-Esprit, et s'est fait homme; qui a souffert, est ressuscité le troisième jour, est monté aux cieux, d'où il viendra juger les vivants et les morts. Nous croyons aussi au Saint-Esprit. — Quant à ceux qui disent : Il y a eu un temps où le Fils n'existait pas; il n'existait pas avant d'être engendré; il a été tiré du néant; il est d'une autre nature et substance que le Père, muable comme un être créé; la sainte Église catholique et apostolique leur dit anathème.[1] »

____

(1) Darras : *Hist. de l'Église.*

Tous les évêques signèrent, sauf dix-sept ariens.

Et quels étaient les membres de cette convention universelle qui, pour la première fois, depuis les jours de Moïse, avaient renouvelé au milieu des nations esclaves de l'ignorance et de la force, au milieu des idoles encore debout comme au temps de l'exode, à la face des sacerdoces imposteurs dont les fables avaient sali la face auguste du mystère éternel et vivant, la manifestation divine du Sinaï?

Des héros, des martyrs, des docteurs illustres, et aussi des hommes qui n'avaient de science que la simplicité du cœur et de la vertu. Spiridion de Trimithante, l'évêque berger et thaumaturge;[1] Jacques de Nisibe, montagnard qui vivait dans une caverne sauvage où il passait l'hiver, vêtu d'une tunique de poil de chèvre sous laquelle battait un cœur qui faisait des miracles;[2] parmi ces trois cent dix-huit évêques entourés de prêtres et de diacres, il y avait des vétérans mutilés des dernières persécutions. Paphnuce de la haute Thébaïde, disciple d'Antoine, avait l'œil droit crevé et le jarret gauche coupé;[3] Paul de Neocésarée avait les deux mains brûlées par le fer rouge;[4] Léonce de Césarée, Thomas de Cyzique, Marin de Troade, Eutychus de Smyrne, s'efforçaient par modestie de cacher leurs blessures. Tous ces soldats d'une immense armée avaient combattu sans se connaître sur tous les points du monde dans l'action générale pour la même foi.[5]

C'était là l'auguste concile du Verbe sur lequel soufflait l'ouragan divin du Saint-Esprit.

L'empereur confirma de son autorité les décrets du Concile et voulut qu'ils eussent force de loi dans l'empire.

Ainsi fut rédigé ce Symbole que les siècles devaient

(1) Ruffin, l. i, ch. v. (2) Théodoret, l. i, ch. iii.
(3) Ruffin, l. i, ch. iv. (4) Théodoret, l. i, ch. vii.
(5) Chateaubriand, *Études historiques*.

chanter dans la liturgie solennelle et transmettre aux âges comme le plus magnifique acte de la plus inébranlable foi.

Quelque temps après, les décrets des pères du Concile[1] étaient solennellement confirmés par le pape Sylvestre.

Ce fut un imposant spectacle que cette auguste réunion de confesseurs de la foi tenant leurs assises dans les thermes même de Domitien en la nouvelle église d'Equitius.

Sur sa chaire pontificale, placée en face de l'autel, le grand évêque de Rome était assis, la tête couverte de sa mitre de soie bleue brochée d'or.[2] Autour de lui, étaient assis les évêques, sur des bancs rangés sous les arceaux des thermes. Derrière les évêques, se tenaient debout les prêtres, les diacres et les clercs. L'image en mosaïque de la Vierge semblait présider au Concile assemblé pour rendre gloire à son divin Fils, image votive dédiée à la Mère de Dieu par Sylvestre, sous le titre de *Gaudium Christianorum* — Joie des chrétiens — pour célébrer la fin des persécutions.

Les prières d'ouverture des séances synodales étaient faites, l'Esprit divin soufflait, Pierre allait parler par la bouche de son successeur... Alors, Sylvestre, évêque du saint et apostolique siège de Rome parla en ces termes :

— « Nous confirmons par notre déclaration tout ce qui a été établi à Nicée de Bithynie par trois cent dix-huit évêques pour l'intégrité et le bien de notre sainte mère, l'Église catholique et apostolique. Tous ceux qui oseraient attenter à la définition du saint et grand Concile réuni à Nicée en présence du très pieux et vénérable empereur, Constantin Auguste, nous les anathématisons ! »

(1) Le Concile de Nicée rédigea ensuite tout un corps de discipline en plusieurs canons réglant : 1º La primauté de l'Église romaine. 2º L'autorité hiérarchique des patriarches et métropolitains. 3º L'élection et l'ordination des évêques. 4º Le célibat des prêtres. 5º La pénitence publique pour la réconciliation des hérétiques. 6º La discipline ecclésiastique du mariage.

(2) Cette mitre est légendaire et se conserve à Rome.

Et d'une seule voix toute l'assistance répondit : *Placet!*[1]

Ainsi fut sanctionnée cette profession de foi sublime par le successeur de celui à qui Jésus-Christ avait dit : « Confirme tes frères dans la Foi. »

Quel ne devait pas être, à ce spectacle inouï, l'étonnement du monde païen!

Que pensa-t-il, lorsque, dominant les hymnes impures qu'il chantait autour des autels de ses fausses divinités, il entendit là voix formidable du Christianisme qui disait au pied d'un autel nouveau à force d'être ancien :

« Nous te louons, Seigneur! Nous te confessons Dieu! Père éternel, toute la terre te révère! Les Chérubins et les Séraphins, l'armée des anges et toutes les puissances des Cieux te saluent trois fois Saint! Plénitude et majesté glorieuse du ciel et de la terre, gloire des apôtres, louange des prophètes, splendeur des martyrs, l'Église entière te confesse, ô majesté immense du Père, adorable vérité du Fils, sainteté du Saint-Esprit! ô Christ, roi de gloire, Fils éternel du Père, Rédemption des hommes, qui n'a pas craint de naître de la Vierge, ton triomphe sur la mort nous a ouvert les cieux où tu sièges à la droite du Père! Juge futur, aide tes serviteurs rachetés par ton sang jusqu'à la gloire incorruptible de ta sainteté; sauve ton peuple, bénis ton héritage! Étends ses frontières jusqu'à l'éternité! Chaque jour, nous te bénissons, nous te louons, jusqu'au siècle des siècles! Daigne nous garder du péché, aie pitié de nous et que ta miséricorde sauve ceux qui ont mis en toi leur espérance et qui ne seront pas éternellement confondus, Seigneur![2] »

(1) Gerbet. *Esquisses de Rome chrétienne.*

(2) Cantique de S. Ambroise (Te Deum).

VII

LA VRAIE CROIX.

Depuis le sacrifice auguste du Calvaire, le Signe de notre Salut avait passé de l'ignominie à la gloire.

Dès l'origine de l'Église, les chrétiens avaient professé pour la croix une profonde vénération et lui avaient rendu un véritable culte.

Les païens ignorants avaient mal interprété ce culte et avaient accusé les chrétiens de regarder la croix comme une divinité et de l'adorer comme ils adoraient eux-mêmes leurs idoles.

Ce fut là une des raisons pour lesquelles, dans la haute antiquité chrétienne, on ne représentait pas directement la croix ni sur les monuments, ni sur les autels, et pourquoi avant de paraître au grand jour, elle fut seulement mystérieusement proposée à l'adoration sous les symboles les plus divers.[1]

Constantin lui-même n'en avait illustré que le monogramme.

---

(1) Ce ne ut qu'au V⁰ siècle que la croix proprement dite, sous la forme que nous connaissons, commença à être d'un usage habituel. (Martigny, De Rossi, etc.

Mais le temps était venu où le véritable bois sur lequel avait expiré le Sauveur du monde, allait réapparaître à tous les yeux, après avoir été longtemps oublié dans le sein de la terre où les Juifs l'avaient enfoui selon l'usage, après que Jésus eut été mis au tombeau par les soins de Joseph d'Arimathie.

Constantin venait de défendre que, désormais, la croix servit d'instrument de supplice, et l'impératrice Hélène, alors âgée de plus de quatre-vingts ans, rêvait de retrouver l'insigne relique de la passion de Jésus-Christ.

Elle entreprit le pèlerinage des Lieux saints.

Arrivée à Œlia Capitolina qui, bientôt, allait reprendre dans l'histoire et pour la postérité, son nom superbe et mémorable de Jérusalem, elle versa des larmes de douleur en voyant le temple et l'idole de Vénus, qui, depuis le temps d'Hadrien profanaient le lieu vénérable où s'était accompli l'auguste mystère de la rédemption des hommes.

Par ses ordres, ce temple impie fut détruit et rasé. Puis on commença à entreprendre les fouilles.

On enleva toutes les terres rapportées, et enfin, à une grande profondeur, on découvrit trois croix que les juifs avaient enfouies, après avoir consommé leur déicide, selon la prescription de la loi qui ordonnait d'enterrer les instruments de supplice.

Mais l'embarras était grand, car on ne savait laquelle de ces trois croix avait été celle du Sauveur.

Macarius, évêque de Jérusalem, se mit en prières pour obtenir du Ciel un signe qui levât tous les doutes.

Alors, il fit porter les trois croix chez une femme de qualité, connue de la ville entière et réduite à l'extrémité par une cruelle maladie.

L'évêque et l'impératrice se dirigèrent vers la maison, accompagnés d'une grande multitude de peuple.

Macarius se mit à genoux près du lit de la malade et s'écria :

— Dieu puissant, qui avez daigné sauver le genre humain par le supplice de la croix enduré par votre Fils unique et qui avez allumé dans le cœur de votre servante l'ardent désir de retrouver l'instrument sacré auquel le salut du monde a été suspendu, faites-nous connaître d'une manière évidente, laquelle de ces trois croix a servi au triomphe du Sauveur, et permettez que cette femme, que les douleurs de l'agonie retiennent ici couchée sur son lit de souffrance, revienne à la vie des portes de la mort, aussitôt que le bois salutaire l'aura touchée.[1]

Les croix furent alors successivement approchées de la malade. A l'attouchement de la dernière, elle fut guérie sur-le-champ et se trouva assez forte pour se joindre au pieux cortège, louant et glorifiant le Seigneur qui avait daigné manifester sa vertu en sa personne.

Tous les chrétiens transportés d'allégresse, bénissaient Dieu et chantaient sa miséricorde éternelle.

Cette invention miraculeuse fut un événement qui devait combler de joie le monde chrétien tout entier.

A côté des croix, mais séparément, on retrouva en même temps le *titulus* que les juifs avaient attaché en haut de la croix du Sauveur et les clous dont ils avaient transpercé ses pieds et ses mains.

L'impératrice Hélène les envoya à l'empereur avec une partie considérable de la vraie croix, laissant l'autre à Jérusalem sous la garde de l'évêque Macarius.

Constantin fit mettre une partie des clous sacrés à son casque et à la bride de son cheval pour lui servir de sauve-garde dans les batailles.

La portion de la croix que sa mère lui avait envoyée fut

___

(1) Rufinus addit. ad Hist. Eusebii, ch. III.

L'empereur, précipité dans le fleuve,
y trouva la mort qu'il avait préparée à Constantin triomphant. (P. 3o.)

déposée à Rome dans la basilique de Sainte-Croix, ainsi que le titulus qui fut renfermé dans une boîte de plomb et placé en haut d'une arcade.[1]

Avant de quitter Jérusalem, l'impératrice avait donné des ordres pour qu'on érigeât une basilique au saint Sépulcre et l'autre au Calvaire. Une magnifique chapelle devait consacrer à jamais le lieu où la vraie croix avait été retrouvée. La partie qui en restait à Jérusalem devait être enfermée dans un précieux reliquaire d'argent.

Des églises, en même temps, s'élevaient à Bethléem, au mont des Oliviers et dans les autres endroits de la Palestine, consacrés par les pas de l'Homme-Dieu.

L'authenticité la plus parfaite s'attachait à cette découverte précieuse, car, d'une part, on savait que les deux larrons avaient été attachés au gibet avec des cordes. Les quatre clous retrouvés, la lance et le roseau qui les accompagnaient apparaissant au grand jour à côté de la croix du Sauveur, attestaient bien au monde que le bois sacré était rendu au jour et à la vénération des siècles futurs et catholiques.

Peu de temps après, la glorieuse Hélène sentait s'approcher la mort.

Ayant réglé ses affaires terrestres, elle ne songea plus qu'à l'éternité, et en s'éteignant doucement dans les bras de Constantin, elle passa à la bienheureuse immortalité.

Son corps fut déposé dans une urne de Porphyre,[2] dans un mausolée à un mille de Rome, sur la voie Lavicane, non loin de la basilique des Saints Pierre et Marcellin.

---

(1) Cette inscription hébraïque, grecque et latine, en rouge sur bois peint en blanc, fut retrouvée à cet endroit en 1492. Elle est aujourd'hui fort effacée.

(2) Cette urne est aujourd'hui au musée du Vatican et les reliques de Ste Hélène à l'église d'Ara Cœli où Urbain VIII les fit déposer en 1627.

DEUXIÈME PARTIE

L'ANTIQUE SERPENT

I

L'HORIZON.

Un événement avait changé les destinées du monde.

Constantin qui n'aimait pas plus Rome que ses prédéces-seurs, Galerius et Dioclétien, avait transporté le siège de l'empire à Byzance, ville admirablement située, assise comme Rome sur sept collines sous un climat heureux, sur un sol fertile entre la Propontide et le Pont Euxin, commandant, à la fois, aux rives de l'Europe et de l'Asie, et recevant dans son port du Bosphore, qui sépare les deux continents, les richesses de l'univers entier.

Byzance, merveilleusement élargie, devenait Constan-tinople et s'enrichissait des trésors de la Grèce et de l'Asie.

Du même coup, la vie de l'empire décadent était prolongée et les coups d'Alaric ne devaient pas atteindre cette seconde tête pleine de vie, mais, aussi, l'unité du pouvoir spirituel de l'Église catholique devait en souffrir et voir, de ce chef, se multiplier les hérésies.

Sylvestre le Grand était mort en paix, après avoir vu de

grands noms comme celui d'Athanase, illustrer les derniers
jours de son pontificat. Marcus lui avait succédé, fils du
romain Priscus. Son pontificat ne dura que deux ans et il
alla dormir dans le cimetière de Balbina sur la via Ardéatina.

Constantin allait le suivre après avoir fait le partage de
l'empire entre ses trois fils, Constantin le Jeune, Constance,
Constant et ses deux neveux, Annibalien et Delmace.

Sa mort fut un grand deuil, et des funérailles superbes
eurent lieu à Constantinople, où il avait choisi son tombeau.

L'armée, le sénat et le peuple, dans une acclamation una-
nime, déclarèrent qu'ils ne voulaient pas obéir à d'autres sou-
verains qu'aux descendants directs du héros.

Delmace et Annibalien furent massacrés et la proscription
s'étendit jusque sur Julius Constantius, frère de Constantin.
Le patrice Optatus et le consul Ablavius furent également
massacrés et les bourreaux cherchèrent, mais en vain, pour
les tuer aussi, les deux enfants de Julius Constantius, Gallus
et Julianus, âgés l'un de douze et l'autre de six ans.

Marcus, évêque d'Arethuse, les fit sortir du palais, sous
son manteau, et les cacha quelques jours sous l'autel d'une
basilique.

Constance n'eut pas horreur de voir répandre tant de son
sang. Deux ans après, Constantin II le Jeune était assassiné
par son frère, et l'empire se trouvait divisé en deux grandes
parties : L'Occident gouverné par Constant et l'Orient par
Constance. Le crime, la honte, le déshonneur prenaient possession de l'héritage de Constantin le Grand.

Des deux enfants sauvés par l'évêque Marcus et cachés
dans le giron même de l'Église et sous la sauvegarde des
martyrs, l'un allait être ce Julianus que les siècles appelle-
raient du nom infamant d'apostat.

II

L'ÉMISSAIRE DIABOLIQUE.

Le soir tombait sur les ombrages du palais impérial.

Assis sur une cathèdre de marbre, le front dans les mains, un homme jeune et robuste, à l'air philosophe, songeait en regardant s'égrener dans le bassin de porphyre les perles d'un jet d'eau.

Parfois, des phrases courtes s'échappaient de ses lèvres, sèches et mordantes, qui faisaient deviner en lui une ambition immense, un doute religieux profond, presque de la haine pour un culte qui, maintenant, étalé au grand soleil, avait fait de tout l'empire, la cité sans bornes du Christ.

— Si j'étais empereur!... murmura-t-il.

— Tu le seras, dit le rhéteur Libanius qui passait, suis seulement mes conseils, Julianus.

Julianus leva la tête.

— Tu me l'as dit déjà, répondit-il, et tu m'as affirmé que tu me conduirais aux sources même de la connaissance et de la sagesse.

— Oui, dit le rhéteur en s'asseyant auprès de lui. Écoute-moi seulement. Un vent de folie a soufflé sur le cerveau de ton grand oncle Constantin, et il a tiré de leurs repaires, ces chrétiens qui, maintenant, dévorent l'empire et le remplissent du bruit de leurs discordes. Ils sont partout, et partout ils disputent, partout aussi ils poursuivent impitoyablement de leur haine farouche les restes de l'ancien culte qui a fait la gloire de cette terre classique de la noblesse et de la liberté. Les dieux antiques attendent un homme pour restaurer leur religion et leurs autels, veuille seulement l'être, cet homme, et tu le seras ! Vois à quels dangers tu as échappé, c'est à la faveur des dieux immortels que tu dois ton salut, reviens à eux, la mort de Gallus t'a fait l'unique prince survivant de la dynastie de Constantin, Constance te hait et tu lui fais peur, mais Eusébia médite ton élévation, et c'est nous qui la poussons à faire éclater ce coup de théâtre qui étonnera tes ennemis.

— Vous ? dit Julianus interrogateur.

— Oui, nous, répondit Libanius ; nous, moi Libanius, Maximus d'Ephèse, Chrysanthes de Sardes, Priscus d'Epire, Eusébius de Carie, Jamblicus d'Apamée et notre illustre hiérarque, Edesius de Pergame, qui sommes les derniers théurges, uniques conservateurs des mystères redoutables et des initiations antiques, nous qui pouvons t'ouvrir le royaume des dieux, nous qui pouvons t'abreuver de merveilles et qui voulons anéantir à jamais ce Christ et ces chrétiens qui ont volé le monde aux dieux immortels.

— Et que me montrerez-vous pour me convaincre de la vérité de votre mission ? demanda Julianus avec un ardent intérêt.

— N'oublie pas que la politique est la première arme d'un prince sagace ; sois rusé, et si tu viens à nous, viens-y en secret. Tu feras entre nos mains le serment d'observer à jamais ce secret et de voiler sous des dehors chrétiens la redoutable science que tu auras acquise dans nos sanctuaires.

— Soit, dit Julianus, mais prends garde d'observer tes promesses.

Le lendemain, Julianus était introduit dans le conseil secret des derniers pontifes du paganisme expirant.

Devant ses yeux, les rites des initiations antiques se déroulèrent dans leur ténébreuse horreur. Il vit de ses yeux ces apparitions fantastiques qui hantaient les sanctuaires idolâtriques, il se baigna dans le tourbillon infernal de ces larves sans nom qui giraient dans les vapeurs fades du sang des victimes immolées. Les puissances des ténèbres entrèrent dans son âme et la possédèrent comme des légions de vers possèdent un cadavre, et il crût, le malheureux, qu'il avait vu les dieux et qu'il était désormais le commensal de leurs plus secrètes faveurs!

Devant cette fantasmagorie des ruses actives de l'antique serpent, il se crut un théurge, la religion pure et divine de Jésus-Christ lui parut sans merveilles, et sa gloire lui sembla pétrie par l'audace et le despotisme de Constantin.

Les démons qui le hantaient paraissaient le servir en amis fidèles; ils le réveillaient dans son sommeil, l'avertissaient des dangers qui le menaçaient, le conseillaient et le guidaient dans toutes ses opérations guerrières et dirigeaient la sécurité de ses campements.

Ebloui par ces prestiges menteurs, Julianus s'exalta, proféra des serments redoutables qui le liaient à jamais au vampirisme des ténèbres et, solennellement, dans le secret du temple propice, il renonça entre les mains de Maximus à toute attache à la religion du Christ, en attestant que le soleil était son dieu suprême, qu'il gémissait sur la ruine des temples et des idoles et qu'il les remettrait en honneur, s'il parvenait à la puissance suprême.

Cependant, sa dissimulation était un prodige d'adresse, car il fallait échapper à Constance, qui faisait espionner sévèrement chacun de ses pas.

On le voyait paraître en public avec un habit monacal et

redoubler d'assiduité dans ses fonctions cléricales de lecteur à l'église de Nicomédie.

Seuls, deux hommes, ses anciens condisciples de l'école d'Athènes, avaient pénétré son mystère, et comme il sortait de l'église un jour après l'office, Grégoire, en le désignant, avait dit à Basile :

— Regarde cet homme, si tu veux savoir quel monstre l'empire nourrit dans son sein. Fasse le Ciel que je sois un faux prophète.

— Hélas! soupira Basile, tu dis vrai.

Pendant ce temps-là, les intrigues d'Eusébia faisaient du chemin dans l'esprit de Constance.

Tous les païens savaient que la païenne Eusébia protégeait leur culte et choisissait Julianus pour le défendre et le restaurer.

— Prenez la pourpre, avaient dit à Julianus les prêtres de Jupiter, vos serments vous engagent à jamais envers les dieux; si vous reculez, vous serez frappé de mort.

Julianus partit pour Mediolanum, salua Constance qui le renvoya à l'impératrice, et celle-ci lui dit :

— Vous avez déjà été en partie récompensé selon vos mérites, Julianus, vous le serez tout à fait bientôt; soyez-nous fidèle, le temps d'agir est venu.

Quelques jours après, l'armée était réunie dans une plaine voisine de Mediolanum. Julianus, revêtu de la pourpre impériale, fut présenté aux légions par Constance et acclamé par celles-ci.

Julianus, le frère du César d'Orient, naguère assassiné, était devenu le César de l'Occident, et il partait pour la Gaule, dictant ses commentaires, gagnant des batailles, partageant la ration du soldat avec une insouciance philosophique qui lui valait une popularité inouïe.

Bientôt après, il arrivait sous les murailles de Lutèce.

III

LA PROPHÉTIE ACCOMPLIE.

Le temps vint où Constance se repentit du choix qu'il avait fait, par les perfides conseils d'Eusébia.

Julianus, le grand homme, politicien fourbe et monstrueux hypocrite, rêvant l'empire pour lui seul, marchait grisé par ses succès militaires à la tête de ses légions sur Constantinople.

Cette nouvelle fut un coup de foudre pour Constance. La théurgie des ténèbres avait, par la bouche des oracles de Jupiter, assuré la victoire à Julien.

Le vieil empereur, à la nouvelle de l'entrée de son jeune collègue en Pannonie, avait fait transporter ses troupes par tous les relais de poste, de la Mésopotamie jusqu'à Antioche. Les légions d'Afrique, d'Égypte et de Palestine avaient été concentrées là ; il les passa en revue et les harangua avec désespoir, à peine consolé par leur force imposante.

— Soldats ! leur cria-t-il en terminant, vous allez combattre pour la justice. Le Dieu qui punit les ingrats bénira vos étendards. Étouffons la rébellion dans le sang des traîtres ! Déjà vaincus par le remords, ils n'attendront pas votre premier choc ; ils ne soutiendront pas votre regard vengeur.

L'escorte impériale s'engagea dans les défilés abrupts de la Cilicie. Malade, agonisant, hagard, livide, le vieil empereur, en litière, criait à chaque instant à ses cavaliers :

— Plus vite! Plus vite!

Mais il fallut s'arrêter dans une misérable chaumière du Taurus et l'étendre sur des coussins.

Il vomit un flot de bile et de sang coagulé et rendit l'âme après un règne de vingt-quatre ans qui avait fait la douleur de l'Église et du monde.

Son cercueil arriva à Constantinople en même temps que Julianus qui donnait le spectacle d'une hypocrite douleur et assista non moins hypocritement aux cérémonies chrétiennes qui fermèrent la tombe de l'empereur dont il allait, avec rage, poursuivre tous les amis jusqu'au dernier.

Pendant ce temps-là, les deux illustres condisciples de Julianus, Basile et Grégoire, donnaient au monde le spectacle du renoncement évangélique le plus pur.

Leur éloquence était si célèbre dans tout l'Orient, qu'on les comparait à Platon et à Démosthène.

Mais ces grands chrétiens rêvaient une autre gloire, et épris des grands modèles de la vie solitaire, les Ephrem en Mésopotamie, les Hilarion en Palestine, les frères d'Antoine en Égypte, ils voulaient faire en Asie mineure ce que Martin faisait déjà en Gaule, et implanter la vie monastique dans leur patrie.

Déjà, ils avaient fondé de prospères colonies de solitaires pieux, quand Julianus, du milieu des pompes païennes de sa cour, écrivit à Basile pour l'appeler auprès de lui, l'assurant de sa plus grande affection.

Mais Basile, qui connaissait Julianus mieux que celui-ci ne le supposait, confondit son hypocrisie et son orgueil.

Car l'insensé ne rêvait rien moins que d'amener au paganisme ces illustres chrétiens. Il alla jusqu'à proposer au médecin Césaire, frère de Grégoire de Naziance, une controverse publique en son palais.

Césaire le confondit et s'enfuit en secouant la poussière de ses sandales sur le seuil de cette cour impie.

Julianus allait se venger en proscrivant l'enseignement chrétien sous les plus hypocrites prétextes.

Le lendemain de la proclamation de ce décret, toutes les chaires chrétiennes étaient fermées. Prohérésius à Athènes, Apollinaire à Laodicée, Marius Victorinus à Rome, suspendirent leurs célèbres cours, mais en même temps, les grandes plumes chrétiennes se mettaient à l'œuvre pour combattre pied à pied la réaction païenne provoquée par Julianus.

L'esprit des ténèbres n'était pas vaincu et Julianus allait se faire persécuteur.

Julianus se croyait un théurge. Fanatique et convaincu, il se pensait vraiment en rapports quotidiens avec les dieux qu'il invoquait depuis son initiation aux mystères d'Eleusis, par l'hiérophante Maximus.

La nuit, dans ses palais, à Vindobona, à Lutetia, à Sirmium, à Constantinople, à Antioche, il s'enfermait avec le sacrificateur égyptien Oronte.

« Là, à la clarté funèbre d'une torche, on plongeait le couteau sacré dans le cœur d'un enfant, d'une jeune fille, d'un chrétien, on disséquait leurs membres palpitants pour évoquer les esprits dans la vapeur du sang, et recueillir des présages horribles.[1] »

Une nuit, pendant un de ces affreux sacrifices, Julianus s'était vu tout à coup entouré d'apparitions fantastiques qui le pressaient de toutes parts avec des bruits houleux, dans les tourbillons d'une fétide et sulfureuse vapeur.

La peur glaça le cœur de Julianus qui, se rappelant la foi qu'il avait quittée, traça sur lui le signe victorieux de la croix.

Aussitôt toute la fantasmagorie disparut.

(1) S. Grégoire de Naz.

Mais Julianus voulut recommencer l'épreuve. Une seconde fois l'évocation fut faite et l'armée houleuse des spectres reparut plus horrible encore en ses girations hideuses.

Julianus épouvanté, fit un nouveau signe de croix qui les mit encore en fuite.

— Qu'avez-vous fait? s'écria Oronte. Ce n'est pas la crainte qui éloigne de vous les dieux, mais c'est l'indignation que leur cause votre sacrilège. Cessez d'attirer sur vous leur juste colère en leur opposant les pratiques d'un culte maudit.

Ce sophisme acheva d'enlever à Julianus ses derniers scrupules.[1]

Et le persécuteur fit un pas de plus, il voulut restaurer, dans sa splendeur antique, le culte mythologique.

Mais il avait compté sans les modifications profondes qui avaient bouleversé les racines même de l'opinion publique et des mœurs.

Le spiritualisme chrétien, en s'infusant dans les âmes, ne les avait pas, peut-être, encore assez garanties contre les pièges de l'imagination à laquelle faisaient appel l'éclat des pompes païennes, les théories de jeunes filles portant sur leurs têtes des corbeilles de fruits et de fleurs, la vapeur de l'encens s'élevant dans les temples, l'offrande solennelle des gâteaux, du lait, du vin et du miel aux statues des dieux; mais les hécatombes sanglantes et les horreurs sacrées des sacrifices étaient devenues odieuses à des mœurs plus affinées.

Quand l'empereur fit réserver une part des fonds publics pour les frais de ce culte, un immense éclat de rire retentit dans tout l'empire à cette grotesque nouvelle.

L'empire était bien chrétien!

Julianus n'en renonça pas pour cela à ses projets, et l'on vit reparaître le bœuf Apis et son cortège ridicule.

Et la sévère histoire nous atteste que Julianus n'était pas

(1) S. Grégoire de Naz.

fou. Il fréquentait en même temps les églises chrétiennes et
il osait participer aux plus augustes de leurs mystères !

— N'as-tu pas honte de ta duplicité, César ? lui dit l'évêque
aveugle Maris, alors qu'il sacrifiait, un jour, dans un temple
de Chalcédoine.

— Vieillard, répondit Julianus, le *Galiléen* ne te rendra
pas la vue.

— Je le remercie, répondit Maris, de m'épargner la vue
d'un apostat tel que toi !

Mais tous les flatteurs de Julianus chantèrent la gloire
du culte restauré, tandis que, de toutes les parties du monde,
accouraient à sa cour tous les maîtres de l'imposture qui
applaudissaient servilement à sa gloire.

Tous les devins, tous les augures, tous les magiciens mis
hors la loi par Constantin reparurent accompagnés des
sophistes grecs et latins, qui chantaient la résurrection des
dieux d'Homère, de Virgile, d'Aristote et de Platon.

Et maintenant, Julianus invitait les Juifs à sacrifier à ses
dieux !

Ceux-ci, politiciens habiles, déclinèrent cette invitation,
mais comprirent que la haine cachée de l'empereur pour le
Christ pouvait être habilement exploitée, et ils lui dirent :

— Auguste empereur, la loi de Moïse nous ordonne, en
effet, d'immoler des victimes à Jéhovah, mais seulement dans
le temple de Jérusalem. Rendez-nous cet auguste édifice.
Une telle œuvre immortalisera votre nom. En face du Saint
des Saints reconstruit par vous, Israël reprendra ses sacrifices
interrompus et fera monter au pied du trône de l'Éternel des
prières et des actions de grâces pour le plus grand et le plus
sage des Césars.

Julien attendait cette réponse.

— Retournez à Jérusalem, leur dit-il, faites savoir à vos
compatriotes que je veux leur rendre la cité de David, rebâtir
le temple et rétablir la loi mosaïque.

De tous les points du monde, Israël entendit cette promesse, et fiers comme aux jours de Zorobabel, les juifs en caravanes séditieuses se ruèrent vers Jérusalem, semant de ruines les pays chrétiens qu'ils traversaient.

L'or afflua comme un torrent, sorti des besaces les plus humbles, et Julianus s'écria :

— Enfants de Juda, je viens de lire vos prophètes. J'ai interrogé les divins oracles qui ont fondé la grandeur de votre nation et de votre culte. J'y suis clairement désigné comme le prince juste et puissant qui doit mettre fin à votre nouvelle captivité de Babylone et rétablir le temple de Zorobabel. J'accepte la noble mission qui m'a été tracée par le Dieu Créateur, et j'ai pris toutes les mesures pour en assurer le succès.

Et, en effet, tout fut mis en œuvre pour infliger au *Galiléen* le plus solennel démenti, en reconstruisant le temple de Sion sur des proportions gigantesques et avec une splendeur inouïe.

Les juifs exultaient dans une arrogance insultante, chantant la ruine du Christ et la restauration du règne illustre de David.

Sous l'œil attentif et calme, parfois anxieux de Cyrille, le patriarche de Jérusalem, les travaux de déblaiement des ruines du temple d'Hérode se poursuivaient avec une incroyable ardeur.

Des chrétiens pleuraient.

—Rassurez-vous, leur dit Cyrille, la prophétie de Jésus-Christ est en train de recevoir, par la main même des juifs, son complément d'accomplissement. Il restait encore des ruines, il ne restera bientôt plus pierre sur pierre.

En effet, on démolissait un dernier pan de muraille qui subsistait encore, isolé, au lieu où l'arche de l'antique alliance, avait reposé sa majesté terrible sous la garde des Chéroubs aux ailes d'or.

Malgré une activité prodigieuse, de longs mois s'écoulèrent avant que la place fut en état de recevoir les assises du nouvel édifice.

Un premier avertissement fut donné aux constructeurs. En attaquant les assises souterraines, on découvrit un hypogée dans lequel un ouvrier fut descendu par une corde. Il n'y trouva qu'une colonne sur laquelle était placé un sac de lin. Il le prit et, revenu au jour, ayant fait part de sa découverte aux rabbis, ceux-ci ouvrirent le sac duquel ils tirèrent un rouleau de parchemin.

— C'est du grec, dit l'un d'eux, qui peut le traduire?

— Moi, dit un autre.

Et, pendant qu'une grande pâleur jaunissait son visage, il lut en balbutiant :

« Au commencement était le Verbe, le Verbe était en Dieu, et le Verbe était Dieu ! »

L'émotion de cette découverte, passée, on reprit les travaux avec plus d'activité que jamais.

Pendant ce temps-là, Julianus composait des œuvres poétiques et philosophiques à la gloire du polythéisme,[1] pleines de sophismes qui attestaient une science technique et une érudition surprenantes.

En même temps, les gouverneurs du sophiste couronné faisaient, en plusieurs lieux, des martyrs jusque parmi les légions qui refusaient de se séparer du glorieux *Labarum* de Constantin.

Cependant, Julianus allait poser la première pierre du nouveau temple de Jérusalem.

Dès le matin, une foule immense avait envahi le mont Sion pour assister à cette fête, quand, tout à coup, la terre trembla et vomit des éclats de rochers qui tuèrent plusieurs

---

(1) Livres que devait magistralement réfuter S. Cyrille d'Alexandrie sous Théodose le Grand, en son ouvrage *Contra Julianum*.

ouvriers et jusqu'à des spectateurs éloignés, tandis que s'écroulaient avec fracas les édifices voisins.

La foule s'enfuit en poussant des cris de douleur et de désespoir. Tout le jour, la terre frémit et ne se calma que la nuit.

Le lendemain, on secourut les victimes de la catastrophe sans être dérangé, et l'on crut pouvoir reprendre les travaux. Mais à peine les eut-on commencés qu'une éruption de flammes combinée avec un effroyable orage consuma en un clin d'œil tous les instruments de travail, un cyclone dispersa les matériaux, et, la nuit venue, une grande croix de feu se dessina dans le ciel tandis qu'une foule d'autres petites croix ardentes voltigèrent dans l'air et vinrent s'incruster sur les vêtements des juifs, en y traçant directement des croix noires constellées de trous d'une finesse et d'une régularité telles que ne saurait les faire l'aiguille la plus fine.

Et dans cette nuit affreuse, on entendait des voix éperdues proclamer la divinité du Christ et demander le baptême.[1]

Julianus accusa Jéhovah d'être moins puissant que Jupiter et de n'avoir pas pu empêcher cette série de catastrophes. Quant aux juifs, conclut-il, ils ne sont qu'un troupeau d'aveugles qui ont pris au mot l'ineptie de leurs ignorants prophètes inférieurs même aux plus minces poètes païens; et il ajoute sagement qu'il entrera dans des explications plus complètes... un peu plus tard.

Julianus s'avouait vaincu, son orgueil se refusait à la défaite.

Mais la prophétie du « *Galiléen* » était accomplie!

(1) Théodoret, Rufin, S. Ambroise, S. Jean Chrysostome, S. Grégoire de Naziance, Socrate, Sozomène et enfin Nicéphore Calliste qui les résume tous : *Hist. eccles.*, l. x, ch. xxxii, l. xxxiii, donnent les plus grands détails sur ce merveilleux épisode de l'histoire de l'Église.

IV

SUR LA CHAIRE DE PIERRE.

Le romain Julius, fils de Rusticus, avait succédé à Marcus. Il avait siégé quinze ans, deux mois et sept jours, sous le règne de l'hérétique Constance, fils du grand Constantin. Les plus cruelles tribulations avaient marqué son pontificat; il laissa son trône pontifical à un prêtre romain pieux, éloquent et instruit, l'apôtre de la Trinité. C'était Liberius.

De ce dogme sacré, si attaqué par les Ariens, il faisait le sujet de tous ses discours, et il disait incessamment :

— Le Fils est Dieu de Dieu, lumière de lumière, intégrité de l'intégrité, plénitude de la plénitude, incréé mais engendré, consubstantiel au Père. Le Saint-Esprit, Dieu avec le Père et le Fils, n'est ni engendré ni inengendré, ni créé ni fait. Il procède du Père et du Fils, coéternel, tout-puissant, Dieu avec le Père et le Fils.

» Voilà notre Dieu, unique dans son indivisible Trinité !

» Nous croyons que Jésus-Christ Notre-Seigneur, Fils de Dieu, par qui toutes choses visibles et invisibles ont été créées sur terre et dans les cieux, est descendu pour notre salut, du ciel, sans cesser de résider au ciel; qu'il est né du Saint-Esprit dans le sein de la Vierge Marie.

„ Verbe, il s'est fait chair sans perdre rien de sa divinité, sans commencer à être ce qu'il n'était pas, sans changer en rien. Demeurant Dieu, il devint homme, non d'une façon fantastique, idéale, apparente, mais incarné réellement dans un corps humain, ayant chair, sang, os, sensibilité et âme comme chacun d'entre nous. Ainsi, vrai Dieu et vrai Homme, nous l'adorons dans cette manifestation qui ne faisait qu'une seule et unique personnalité.

„ Tel fut Jésus-Christ Notre-Seigneur, qui, pour accomplir la loi et les prophètes, a souffert sous Ponce-Pilate, a été crucifié, est ressuscité le troisième jour; est monté aux cieux, d'où il viendra juger les vivants et les morts.[1] „

Liberius se trouvait indigne de succéder à Pierre, et on dut le contraindre à accepter cet honneur.

Les Ariens désolaient l'Église, appuyés par Constance. Ils avaient pris en haine le grand Athanase et réussi à le faire condamner. Liberius fut prié de souscrire à cette condamnation, et l'on osa lui offrir de l'or.

Indigné, l'illustre pontife s'écria :

— Faites-vous donc l'infâme métier d'avilir et d'acheter des consciences? L'Église romaine a proclamé la grandeur et l'innocence d'Athanase, je ne saurais le condamner.

L'envoyé sortit et alla déposer les présents refusés par le pape dans la basilique du Vatican, sur le tombeau de Pierre.

Liberius l'apprit et accourut aussitôt.

— Eh quoi! s'écria-t-il aux diacres, chargés de veiller dans le lieu saint, avez-vous pu fermer les yeux sur une pareille profanation? Que l'on jette à l'instant sur la place publique cet or, cet argent et ces joyaux infâmes!

L'envoyé irrité, s'écria :

— Sachez, pontife, que je tiens votre proscription entre mes mains, peut-être une sentence de mort; réfléchissez.

----

(1) *Gesta Sancti Liberii Papæ. Patrol.*, t. VIII, coll. 1388-89.

— Demain, lui dit Liberius, vous aurez ma réponse !

Le lendemain, en effet, Liberius écrivait une lettre pleine de noblesse, dans laquelle il réclamait pour Athanase, au nom de toute justice et de tout droit, l'honneur qui lui était dû.

Et, devant plusieurs, il dit :

— Sachez que le règne de Constance ne saurait subsister, parce qu'il blasphème la divinité de Jésus-Christ.

Le noble Liberius dut courir se cacher dans le cimetière de Noella, au troisième millénaire de la via Salaria.

La fête de Pâques arrivait et, autour de sa *cathedra* apostolique, les prêtres, les diacres et les chrétiens de Rome accoururent se ranger. Il leur dit :

— Ne vous affligez pas de mon absence, mon frère Damase que j'ai choisi pour me représenter, par ses mérites et ses vertus, sera pour vous un fidèle ministre de Jésus-Christ.

— Pontife saint et incorruptible, dit alors le prêtre Dyonisius, vaillant défenseur de la foi, nous vous en supplions, venez demain préparer le chrême de l'onction.

— Seigneurs et prêtres bien-aimés, dit Liberius, ne vous inquiétez pas du lendemain. Le Maître a dit que chaque jour apportait avec lui sa consolation[1] et sa peine. Souvenez-vous qu'il y a le baptême de la pénitence comme celui de la joie. Jean prêchait au désert le baptême des larmes, ce qui ne l'empêcha pas de voir l'Esprit-Saint se reposer sur les flots et planer sur l'objet des complaisances du Père.

— Père saint, dit Damase, ne nous refusez pas votre présence aux solennités pascales. Nul de nous ne pourrait soulever votre fardeau. Vous ne savez en quelle basilique vous seriez en sûreté. On peut vous défendre l'accès des basiliques, mais vous avez, pour le baptême, un bassin qui n'est ni de bois, ni de marbre ni de pierre. C'est le monde entier !

Liberius ne put retenir ses larmes.

(1) C'était au jour de Pâques qu'on donnait alors solennellement le baptême.

— Mon fils, dit-il à Damase, vous serez un jour un grand ministre de Dieu. Vous réaliserez ce mot du Seigneur : « Le plus petit deviendra le plus grand. »

— Pardonnez-moi, saint pontife, dit le diacre Siricius, si j'insiste à mon tour, venez au bord du fleuve, ou près d'un lac ou d'une source, et là, administrez le baptême.

— Mon fils, répondit Liberius, vous avez parlé sagement.

Le pontife, alors, se rendit au cimetière Ostrianum où Pierre baptisait et où il y avait une fontaine, et, la veille de la solennité sacrée, il baptisa quatre mille catéchumènes de tout âge et de tout sexe venus de Rome et des alentours pour recevoir de sa main le sacrement purificateur.[1]

Quand vint la Pentecôte, Dyonisius dit à l'évêque toujours caché dans le cimetière :

— Père saint, Constance est parti combattre les barbares du Danube, vous êtes moins menacé, pourquoi ne viendriez-vous pas baptiser dans la basilique du bienheureux Pierre?

— La fontaine qui y coule, répondit Liberius, ne serait pas suffisante pour la multitude, et je ne veux pas exposer les néophytes à la persécution, peut-être à la mort.

— Leur sang, dit Dyonisius, leur ouvrira le Ciel.

— Illustre pontife, dit Damase, je me charge d'avoir de l'eau en assez grande quantité dans l'église.

— Allez, dit Liberius, quant tout sera prêt, je me rendrai à la basilique, j'aurai la consolation d'y adorer le Christ, prince des pasteurs, qui nous a rachetés de son sang.

Par les soins de Damase, une vaste piscine fut préparée et Liberius se rendit, parmi son troupeau, au milieu d'une immense affluence à la basilique vaticane; il y bénit la nouvelle piscine et y baptisa huit mille cent-dix personnes.

Constance revenait vainqueur, et, irrité contre l'Évêque

____

(1) *Gesta Liberii papæ.*

des évêques, il avait écrit au préfet Leontius de lui expédier sous bonne garde le rebelle Liberius.

Tout le jour, une immense population entourait la catacombe, prête à le défendre jusqu'à la mort.

Le préfet usa de ruse, et, ayant fait enlever, la nuit, le saint pontife, le fit conduire à Mediolanum où se trouvait Constance.

— Si vous tenez à retourner à Rome, lui dit l'empereur, souscrivez à la condamnation d'Athanase que j'ai prononcée.

— J'ai fait mes adieux à mes frères, dit Liberius; je préfère les lois de l'Église à la résidence de Rome.

— Je vous donne trois jours pour réfléchir, dit Constance. Souscrivez ou choisissez le lieu de votre exil.

— Trois jours ou trois mois, qu'importe? dit Liberius. Reléguez-moi où vous voudrez!

Deux jours après, Liberius était exilé à Bérée en Thrace. L'empereur lui fit remettre cinq cents solidi pour son voyage.

— Reportez cet or à Constance, dit l'évêque, il en a besoin pour ses légions. Quoi! vous avez spolié toutes les églises de l'univers et vous venez me faire l'aumône comme à un des complices de vos esclaves! Allez d'abord vous faire chrétien!

A Liberius succéda Félix pour un an et deux mois. Il dénonça Constance comme hérétique et fut décapité par son ordre à Sora avec beaucoup de clercs et de fidèles. Son corps fut rapporté secrètement à Rome et déposé dans une basilique qu'il avait fait construire sur la via Aurelia.[1]

Cependant, Liberius était toujours en exil. Une députation des dames romaines obtint son rappel et il revint s'asseoir sur la chaire pontificale où l'avait quelque temps remplacé Félix. Il devait voir l'Église souffrir l'impiété de l'empereur Julianus et l'apostat perdre pied dans la lutte inégale qu'il avait entreprise contre Jésus-Christ.

____

(1) Rien n'est plus obscur que le pontificat de Félix II. Nous avons relaté l'opinion généralement admise dans l'Église sur le compte de ce pontife.

V

Juliánus préparait une grande expédition contre les Perses et il lui fallait de grandes sommes d'argent.

Les églises furent dépouillées.

La basilique d'Antioche, l'une des plus riches du monde, fut envahie par Félix, lieutenant de Julianus, à la tête d'une troupe de soldats pour la spolier de ses trésors.

Félix souffleta l'évêque sur son trône en criant :

— Tu vois bien que ton Dieu ne songe plus à défendre ses adorateurs!

Et s'emparant des richesses offertes par la piété de Constantin le Grand et les largesses de Constance :

— Voilà, disait-il, la vaisselle du fils de Marie! Nous en ferons de la monnaie.

Tous les clercs d'Antioche s'étaient enfuis et se tenaient cachés. Le prêtre Theodoret, gardien du trésor, fut sommé de livrer ce qu'on n'avait pu découvrir d'or ou d'argent.

— Je ne saurais hésiter, répondit-il. Mais vous serez frappé prochainement par la vengeance de Dieu, et l'empereur lui-même, le sera dans l'expédition qu'il va entreprendre.

Theodoret eut la tête tranchée pour crime de lèse-majesté

en même temps que d'autres victimes tombaient sous la hâche pour la même cause. Un cri d'indignation s'éleva.

L'hypocrite empereur désavoua son lieutenant qui, des tortures d'une mortelle maladie, écrivit à Julianus pour le supplier de faire rouvrir les églises d'Antioche.

— Je n'ai pas à faire rouvrir des églises que je n'ai point fait fermer, répondit Julianus. Vous n'avez que ce que vous méritez, et les dieux vous punissent.

Et cependant, le sang des martyrs coulait encore.

A Rome, Apronianus martyrisait les patriciens Flavianus et Dafrosa, sa femme, ainsi que leurs filles Bibiana et Demetria, dont la fortune jointe à celle de Jean et de Paul anciens officiers des armées impériales, allait grossir le trésor de l'empereur. Le consulaire Gallicanus, le prêtre Priscus, le clerc Priscillanus, la matrone Benedicta, et Gordianus, ancien préfet de Rome, subissaient le même sort.

A Leuca Tullorum,[1] en Gaule, Eléphius, l'évêque Eucharius, son frère, et leurs sœurs Liboria et Suzanna, étaient martyrisés.

A Rothomagus,[2] un tribun gaulois, Victricius, confessa Jésus-Christ en jetant publiquement son épée au milieu d'une cérémonie païenne à laquelle les légions de la Gaule étaient convoquées et en se déclarant chrétien.

Flagellé et conduit au supplice, il attendait le coup mortel que ne put lui donner le licteur, soudain atteint de cécité. Victricius s'enfuit et la grâce de Dieu en fit un évêque.

A Lemellum, à Carpos, à Tipasa, dans toutes les villes de la Mauritanie,[3] les prêtres et les diacres catholiques étaient égorgés au pied des autels. L'Eucharistie était profanée, les saintes huiles répandues, les trésors des églises fondus; à Césarée de Philippe, Julianus faisait abattre une statue du

---

(1) Tulle.   (2) Rouen.
(3) S. Paulin, *Épître*, IX.

Sauveur commémorative de la guérison de l'hémorroïsse de l'Évangile, et l'empereur la faisait remplacer par la sienne, que la foudre brisa quelques jours après.[1]

La peste fit son apparition, bientôt suivie de la famine.

Julianus quitta Antioche avec colère, en jurant qu'il n'y remettrait plus les pieds et ferait de Tarse le siège de l'empire.

Puis il écrivit au roi d'Arménie, Arsace, qui était chrétien, pour le sommer de s'allier à lui contre les Perses.

— Mon prédécesseur Constance, lui dit-il, était un esprit faible et un lâche. Il abandonna le culte des dieux vénérables pour la religion impie du Christ. Je sais que vous l'avez imité. Par nos traités, vous êtes obligés de mettre à ma disposition vos soldats. Songez-y ou craignez ma colère. Le Christ sera impuissant à vous soustraire à ma vengeance.[2]

Pour toute réponse, Arsace passa dans le camp des Perses avec son armée. L'empereur méprisa ce détail. Il était sûr de la victoire et il méditait de compléter son triomphe par l'extermination de l'Église.

Les fidèles le savaient et faisaient monter vers le ciel leurs plus ardentes supplications.[3]

Julianus, parti d'Antioche, y avait laissé le rhéteur Libanius, qui était très lié avec un fervent chrétien de la ville, simple maître d'école, mais dont la science et la vertu étaient fort au-dessus de son modeste état.

— Eh bien! lui dit Libanius un jour, pourrais-tu me dire ce que fait le fils du charpentier?

C'était du Sauveur que parlait le rhéteur impie à l'imitation de Julianus qui l'appelait le *Galiléen.*

— Il fait un cercueil! répondit le chrétien sévèrement.[4]

(1) Sozomène. *His. eccl.*, l. v, ch. xxi.
(2) Sozomène, *Hist. eccles.*
(3) S. Grégoire de Naz. *Orat.* v, contre Julien.
(4) Théodoret, *Hist. eccles.*, l. iii, ch. xviii.

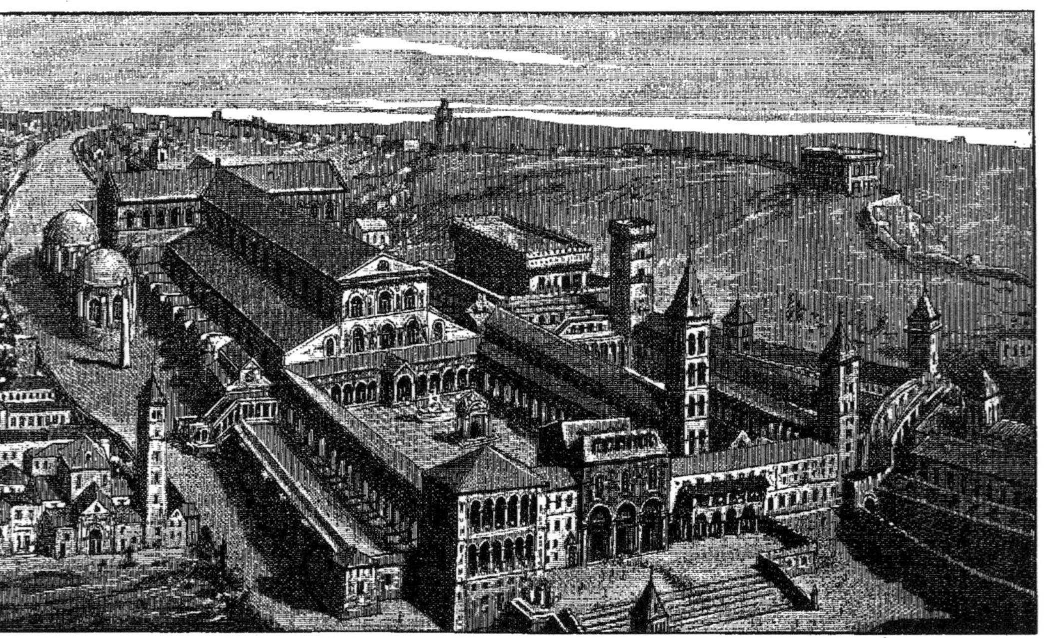

Basilique Constantinienne de Saint-Pierre, à Rome. (P. 33.)

Julianus s'était mis en marche par Bérée, Batna et
Hierapolis sur la rive droite de l'Euphrate, semant son passage d'hécatombes offertes à Jupiter et d'injures libéralement
répandues contre le Christ et les chrétiens.

— Si jamais il revient vainqueur, disait-on sur son passage, la race des bœufs est à jamais perdue !

Comme il passait à Bérée, un jeune homme se jeta à ses
pieds. C'était le fils d'un sénateur qui avait apostasié.

— César ! s'écria-t-il, mon père m'a chassé de sa maison,
parce que je suis revenu à tes dieux, et il me menace de me
déshériter, si je persiste dans ces sentiments.

— Suis-moi, lui dit Julianus, je serai ton père, puisque
le tien t'abandonne !

Hierapolis le reçut avec pompe au milieu des arcs de
triomphe et d'un immense concours de peuple.

Un portique s'écroula sur le cortège écrasant cinquante
soldats et Julianus en prit mauvais augure.

— Funeste présage ! pensa-t-il. *Dii avertite omen !*[1]

Mais d'autres soucis vinrent le distraire.

Trois jours furent employés à centraliser les vaisseaux
sur l'Euphrate et à approvisionner l'armée qui traversa le
fleuve sur ce pont de bateaux et entra en Mésopotamie.

Julianus eut bien voulu prendre la route du Nord, allant
par Nisibe et l'Adiabine aux champs d'Arbelles où la gloire
d'Alexandre le Grand avait encore des échos. Mais l'ennemi
la gardait.

Il descendit la rive gauche du fleuve en un pays fertile
qui ménageait ses ressources.

Il s'arrêta à Charres, l'antique cité d'Abraham, pour
offrir, dans le plus grand mystère, un sacrifice à la lune,
assisté du seul Procope son ami et son parent.

______

[1] *Que les dieux détournent le présage !* Formule familière aux païens en pareille
circonstance.

Les aruspices le comblèrent de flatteries et de promesses, mais il gardait un front nuageux.

— Mon ami, dit-il à Procope en lui remettant un manteau de pourpre, prends ceci et, si l'événement trompe mes espérances, si la mort me frappe en ces combats prochains, je t'ordonne de t'en revêtir et de prendre la puissance.

Cependant, Julianus, en sortant du temple, en scella les portes de son sceau et défendit, sous peine de mort, d'y pénétrer avant son retour.

Une victime humaine y avait été sacrifiée pour lire dans ses entrailles la promesse mensongère du triomphe.[1]

Des songes néfastes hantaient les nuits de l'empereur, tous les devins affirmèrent qu'il courait un danger.

La nouvelle arriva de l'incendie du temple d'Apollon à Rome; rien n'avait pu être sauvé de ce qu'il contenait. On n'avait arraché des flammes que les livres sybillins.

Il tira, de nouveau, un sombre présage de ces nouvelles. Au moment où il montait son cheval de guerre nommé « le Babylonien, » l'animal se roula par terre, brisant toutes les pièces de son riche harnachement.

— Bon présage! s'écria Julianus, Babylone tombe à mes pieds vainqueurs!

Les courtisans applaudirent et on offrit des sacrifices d'actions de grâces aux dieux!

Comme il traversait la plaine de Cyrenestica, il vit une grande foule empressée autour de l'ermite Dometius. C'étaient des infirmes, des malheureux, qui sollicitaient de sa sainteté intercession pour leur corps et leur âme.

Julianus s'approcha et lui dit :

— N'as-tu pas choisi librement le désert? Pourquoi enfreins-tu ton vœu de solitude?

_____

(1) C'était une jeune fille, dit Théodoret (*Hist. eccles.*, l. III, ch. XXI), comme on le vit, lorsqu'on ouvrit le temple, après avoir reçu la nouvelle de la mort du César.

— Mon âme et mon corps, dit le saint anachorète, sont vraiment solitaires, en cette grotte, mais ma charité ne peut délaisser ce peuple plein de foi.

— N'est-ce que cela? dit l'empereur. Je vais t'aider. Que l'on mure cette grotte afin que ce saint homme ne soit plus troublé par ces importuns dans sa pieuse solitude!

Le martyr y mourut de faim.[1]

Cependant, l'armée entra triomphalement à Callinique. Les sacrifices recommencèrent et les tribus arabes, du désert de Babylone, vinrent offrir une couronne d'or au César en lui apportant le renfort de leurs hardis cavaliers.

Le lendemain, l'armée serait sur le territoire ennemi.

Un courrier arriva des Gaules.

— César, dit-il, Salluste m'envoie te dire qu'il a consulté les Eubages et les collèges de vierges des Druides sur ton expédition. Les augures sont défavorables et il te supplie d'attendre un temps plus propice.

Mais tous les aruspices de la route s'étaient donné le mot pour assurer l'empereur de la victoire. Julianus rit du zèle de Salluste et, prenant place sur le pavois des *imperatores*, harangua ses soldats :

— Nos aïeux, leur dit-il, ne nous ont laissé qu'une gloire à conquérir dans l'anéantissement des Perses. Le Dieu éternel me protège. Vous me trouverez toujours au premier rang et la postérité chantera nos triomphes !

Une solde extraordinaire dispensée aux troupes, les enflamma d'ardeur et, défilant devant le César, elles l'acclamèrent par le cri mille fois répété :

— Vivat Imperator !...

(1) Chronique pascale. *Patrologii.*

VI

LA VICTOIRE DU « GALILÉEN. »

Julianus oublia ses craintes. Il se croyait le plus grand
homme de l'univers et se multipliait devant ses troupes.

L'armée marchait sur trois colonnes. Un corps léger
d'éclaireurs ouvrait sa marche. Les bagages suivaient à dos
de chameau protégés par une arrière garde formidable. La
flotte devait suivre les rives du fleuve et rester toujours en
vue de l'armée.

Le castellum de Zaïta se rendit sans combat et Julianus
s'arrêta pour offrir des libations aux dieux.

On lui amena le cadavre d'un lion qu'on venait de tuer
aux avant-postes et les aruspices allaient en tirer les plus
heureux augures, lorsque la foudre tonna et tua un soldat
avec deux chevaux. Et les augures se disputèrent!

Julianus trancha le différent en déclarant que la mort du
lion présageait celle du roi des Perses et qu'en tuant un de ses
soldats, Jupiter avait voulu lui remettre ses foudres comme
un gage de victoire.

Le lendemain, le castellum d'Anatha se rendait sans
combat. Julianus exultait; il avait compté sans son hôte.

Les Perses prudents évitaient toujours le combat. L'Euphrate était gros de la fonte des neiges des montagnes.

Les riverains savaient utiliser les crues pour la fertilisa-
tion de leurs champs auxquels des écluses apportaient l'eau.
Ils en avaient multiplié le nombre dans de telles proportions,
qu'en un clin d'œil ils pûssent inonder la contrée.

En une nuit, toutes les écluses furent ouvertes et, le lendemain, l'armée romaine était bloquée dans les fanges d'un
océan d'où émergeaient à peine quelques verts îlots.

C'était un véritable naufrage ; un désastre universel dans
la boue et les fondrières.

A force de sang-froid et non sans pertes, Julianus en
sortit le gros de son armée et gagna la forteresse de Pirisa-
boras, la plus grande cité du pays, dans laquelle les Perses
avaient concentré leur défense.

Avec l'ardeur du désespoir, Julianus s'en empara et
courut à la citadelle pour en forcer les portes défendues par
des flèches lancées des tours avec des quartiers de roc, des
torrents de plomb fondu et d'huile bouillante.

Il fallut employer la ruse et construire une machine
analogue à celles de Titus au siège de Jérusalem, pour se
mettre à couvert des traits et du feu. Les portes furent forcées.

Trois jours après, par une mine souterraine, les Romains
prenaient la forteresse voisine.

De nombreux paysans s'étaient cachées dans des grottes ;
Julianus les y brûla avec de la paille et du bois amoncelés,
César *imperator* était devenu, comme le dirent des plaisants,
César *fumigator*.

Pourtant, Julianus avait du génie. La flotte allait se
trouver compromise. L'armée romaine, en effet, était arrivée
presque au point de jonction du Tigre et de l'Euphrate ;
arrivée au confluent, la flotte n'eut pu remonter le Tigre entre
ses deux rives occupées par l'ennemi et bordées de forteresses.

Julianus se souvint que l'isthme avait jadis été coupée
par les anciens rois de Babylone, par un canal dont on ne

voyait plus trace quoiqu'il eut été réouvert cent cinquante ans auparavant par Alexandre Sévère, dans sa guerre contre Artaxercès, mais refermé et nivelé par les Perses.

Le César fit chercher un vieillard centenaire et, l'ayant trouvé, reçut de lui tous les renseignements traditionnels sur le tracé et l'emplacement du canal. L'armée le creusa de nouveau, déplaça les rochers fermant son ouverture et, sur les eaux bouillonnantes de l'Euphrate, la flotte franchit les trente stades [1] de l'isthme et vint jeter l'ancre dans le Tigre.

Au point du jour, les Perses étonnés virent ses rives couvertes de Romains rangés en bataille.

Le combat s'engagea et les aigles de l'empire prirent possession du camp ennemi abandonné et rempli de richesses.

Julianus voulut offrir à Mars *vindicator* un sacrifice d'actions de grâces... Fatalité des néfastes présages! Sur dix taureaux, neuf tombèrent en chemin et le dixième s'enfuit. Repris et immolé, les augures ne virent dans ses entrailles que des signes de malheur!

— Divinité ingrate! s'écria Julien, je ne t'offrirai plus de sacrifices, par le grand Jupiter!

Les Perses avaient repris tout le pays conquis pas à pas par les Romains; la plaine où ils campaient leur restait seule.

Sapor accourt à la tête d'une formidable armée. Julianus, hanté par les grands souvenirs de l'histoire, remonte le Tigre pour gagner les champs d'Arbelles :

— Là, s'écria-t-il, je ferai refleurir les lauriers d'Alexandre!

Un soir, un vieillard se présenta à la porte du camp. On le mena à l'empereur.

— César, lui dit-il, je suis un malheureux transfuge victime des cruautés de Sapor. J'ai entendu parler de ta noble générosité et je viens te demander asile.

____

(1) Six kilomètres.

Julianus l'accueillit avec bienveillance et l'admit à sa table, se flattant de tirer de lui les plus utiles renseignements.

Le vieillard ne se fit pas prier; il allait même au-devant de toutes les questions. Quand il sentit que la confiance de Julianus lui était acquise :

— Prince, lui dit-il, ayez confiance, dans trois jours vous aurez atteint les riches campagnes de la Perse où vous trouverez tout à souhait; pourtant, de sages sacrifices peuvent seuls vous y mener.

— Que veux-tu dire?

— Croyez-vous que votre flotte n'est pas un embarras énorme pour vous dans ce triomphe assuré? Elle immobilise vingt mille de vos soldats. Ne la laissez pas à l'ennemi, brûlez-la plutôt, mais débarrassez-vous de cette lourde entrave.

Dieu aveugle ceux qu'il veut punir. Julianus donna l'ordre d'incendier les vaisseaux, au milieu des lamentations vaines de toute l'armée qui le croyait devenu fou.

Les dernières lueurs de l'incendie brillaient encore sur les eaux frissonnantes, et l'armée romaine était entourée par la grande armée des Perses commandée par Sapor.

Le désastre, sous toutes ses formes, s'abattit sur les Romains décimés et affamés.

Un de ces terribles soirs de défaite, Julianus, retiré sous sa tente, venait de manger une grossière bouillie de farine de seigle; assis sur son lit de camp, il consignait ses notes quotidiennes, et il songeait au jour où, à Lutèce, le « Génie » de l'empire lui était apparu en lui annonçant la gloire, la nuit même où les légions gauloises l'avaient salué Auguste.

Il leva la tête et vit, debout devant lui, le même spectre, vêtu, cette fois, d'un manteau noir.

— Que viens-tu m'annoncer? lui demanda Julianus; parle, ne me cache rien.

Mais le spectre le regarda d'un long et funèbre regard,

puis, il sortit de la tente sans avoir prononcé un seul mot.[1]

Terrifié, l'*imperator* s'élança à sa poursuite en poussant des cris qui attirèrent ses aruspices. Il leur raconta le fait.

— Ce n'est rien, lui dirent-ils, il faut offrir un sacrifice aux génies familiers.

Il était minuit.

On amena une génisse blanche au pied de l'autel, mais au moment où le couteau sacré l'immolait, une étoile filante décrivit au zénith un arc de cercle lumineux et fugitif.

— Le dieu Mars se venge de moi! s'écria Julianus.

Il employa cette dernière nuit à consulter le sort. Unanimement, les aruspices déclarèrent qu'il fallait respecter cet avertissement du Ciel et suspendre toute attaque.

L'*Imperator* se rendit à cet avis et, dès l'aube, l'armée, par son ordre, remonta le Tigre en colonnes serrées, quittant toute position offensive. Vers la troisième heure,[2] sous le soleil ardent, on s'arrêta et les tentes furent dressées. Déjà les Romains préparaient leur repas, lorsqu'un orage obscurcit le ciel, tandis que le vent en tourbillons soulevait dans la plaine une épaisse poussière. Julianus venait de retirer sa cuirasse lorsque, tout à coup, d'immenses clameurs retentirent.

Les Perses envahissaient le camp à la faveur de cette obscurité répandue par la tempête. Sans prendre son armure, Julianus saisit son bouclier, monte à cheval et organise la défense sur les points les plus menacés de l'arrière-garde.

Son attitude enflamme tous les courages. Mais Sapor, à la tête de sa cavalerie légère, était passé à la tête de l'armée romaine prise ainsi dans un étau vivant.

Julianus se multiplie, ses soldats font des prodiges d'adresse et de vaillance et réussissent à mettre le désordre dans les rangs de l'ennemi.

(1) D'après Ammien Marcellin, témoin oculaire.
(2) Neuf heures du matin.

Les Perses font mine de s'enfuir, tactique familière, et Julianus s'élance en invoquant les dieux.

— Prends garde, César, lui crie un de ses officiers, ces fuyards te trompent !

Il n'avait pas achevé de parler, que l'ennemi accablait l'*Imperator* d'une grêle de traits. Une flèche perça le foie de Julianus qui tomba, et, recueillant dans le creux de sa main le sang qui sortait à flots de sa blessure, le lança contre le ciel en criant :

— Tu as vaincu « Galiléen ! »

Il voulut arracher le javelot et se coupa les mains.

— O soleil ! s'écria-t-il, tu es cause de la perte de Julianus !

On le porta, évanoui, sur un bouclier, dans sa tente.

— Où suis-je ? demanda-t-il en ouvrant des yeux déjà voilés par l'haleine vitreuse de la mort.

— Seigneur, lui répondit le médecin qui le pansait, le lieu où nous sommes campés se nomme Phryga.

— Alors, murmura-t-il, je suis perdu ! les oracles m'ont prédit que je mourrais à Phryga !

— Seigneur, supplièrent ses officiers, nommez, de grâce, votre successeur.

— Choisirais-je le plus digne ? Ne pleurez pas, je vais monter au séjour des dieux.

Julien l'apostat était mort.

Au même moment, le solitaire Sabas connut l'événement, à deux cents lieues de là, en Syrie. Il était en extase et il pleurait lorsque, tout à coup, il sourit en disant à ses frères

— Le loup cruel qui dévastait la vigne du Seigneur vient de tomber sous les coups de la vengeance divine. Il est mort ! La persécution est terminée ![1]

Le même jour, l'illustre aveugle Didyme, qui ne cessait de prier et de jeûner pour le triomphe de l'Église, eut une extase et une vision semblable. Des anges lui disaient :

(1) Théodoret.

— Annonce à l'évêque Athanase que Julianus se meurt.

Ainsi mourut celui qui avait rêvé de rendre au serpent antique le monde racheté par le sang de Jésus-Christ et de restaurer la magie des ténèbres à la face outragée du lumineux Soleil de la justice.

Et Grégoire de Naziance, du haut de sa chaire, s'écriait dans un saint élan de farouche éloquence : [1]

« Peuples, écoutez ! Soyez attentifs, vous tous qui habitez l'univers ! j'élève de ce lieu, comme du haut d'une montagne, un cri immense. Ecoutez, nations ! écoutez, vous qui êtes aujourd'hui et vous qui viendrez demain ! Anges, Puissances, Vertus, écoutez ! La destruction du tyran est votre ouvrage. Le dragon, l'apostat, le grand et redoutable génie, l'ennemi du genre humain qui répandait partout la terreur, qui vomissait des blasphèmes contre le Ciel ; celui dont le cœur était encore plus souillé que la bouche n'était impure, est tombé ! Cieux et terre, prêtez l'oreille à la chute du persécuteur !

» Venez aussi, généreux athlètes, défenseurs de la vérité, vous qui avez été donnés en spectacle à Dieu et aux hommes ; approchez, vous qui fûtes dépouillés de vos biens ; accourez, vous qui, injustement bannis de votre patrie terrestre, avez été arrachés des bras de vos femmes et de vos enfants ; enfin, je convoque à ces réjouissances tous ceux qui confessent un seul Dieu, souverain Maître de toutes choses. C'est ce Dieu qui a exercé un jugement si éclatant, une vengeance si prompte ; c'est le Seigneur qui a percé la tête de l'impie.

» Dans les saints transports qui m'animent, il n'est point de paroles qui répondent à la grandeur du bienfait.

» O homme qui te disais le plus prudent et le plus sage des hommes, ô toi qui nous avais interdit l'usage de la parole, comment es-tu tombé dans le silence éternel ! Voilà l'oraison funèbre que prononcent sur ton cercueil, Grégoire et Basile ! [2] »

____

(1) Sozomène, Théodoret.   (2) S. Grég. de Naz. *Or. contr. Julianum.*

TROISIÈME PARTIE

LE MONDE CHRÉTIEN

I

PRÉSAGES D'OURAGAN.

Au milieu des rivalités qui se disputaient la pourpre en ces critiques circonstances, un puissant parti renforcé par les soldats, acclama un noble guerrier profondément chrétien, qui avait aimé le Christ au point de se retirer des armes et d'encourir naguère la haine du César apostat.

Avant même qu'il eût pu s'en défendre, on lui jeta la pourpre sur les épaules, on le plaça sur un tertre de gazon et les légions crièrent :

— Vive Jovianus! Vive César Auguste!

L'enthousiasme fut tel que les païens, eux-mêmes, immolaient des victimes pour appeler la protection des dieux sur le nouvel empereur.

Jovianus demanda le silence et dit :

— Mes amis, je ne saurais accepter le commandement de l'armée. Je suis chrétien. Julianus vous a imbus de sa détestable doctrine; vous avez tous outragé le vrai Dieu; sa Providence ne vous gouverne plus; elle vous abandonne comme une proie facile et un jouet à vos ennemis les Perses.

— Non! non! répondirent toutes les voix. Qu'à cela ne tienne! Le Grand Constantin a appris nos aînés à adorer le Christ, les plus jeunes d'entre nous se souviennent de cette doctrine où ils ont été élevés par Constance. Quant à celui qui vient de mourir, il n'a pas eu le temps de nous faire oublier la foi véritable. Régnez sur nous, vous nous trouverez fidèles à Jésus-Christ et à vous-même! Régnez donc par le Christ et pour le Christ!

Jovianus accepta l'empire.

La paix fut heureusement faite avec Sapor. Les funérailles de Julianus furent célébrées à Tarse par son cousin Procope, selon le rite païen, et ses amis gravèrent ces mots sur sa tombe :

« Rapporté des rives de l'Euphrate et de la terre des Perses, où il avait conduit son armée pour une œuvre qu'il ne lui fut pas donné d'accomplir, Julianus, prince excellent, guerrier valeureux, a trouvé cette tombe sur les bords argentés du Cydnus. »

Jovianus avait demandé à Athanase des lumières sur la foi orthodoxe, il s'occupait de ruiner la puissance intrigante et néfaste des Ariens, et il rétablit le grand évêque sur son siège patriarchal d'Alexandrie.

Hélas! Jovianus ne devait pas même pouvoir se faire proclamer à Rome, la mort le surprit en route et il mourut subitement à l'âge de trente-trois ans.

Valentinien lui succéda, prince aussi chrétien que lui, et il se donna son frère Valens pour collègue à l'empire. Ni l'un ni l'autre n'avaient les qualités de leur emploi souverain.

Liberius était remonté sur le trône de Pierre; les Ariens troublaient de nouveau l'Église, et Valens n'était pas loin de devenir un persécuteur. Liberius mourut, et Damase, espagnol et fils d'Antonius lui succéda, soucieux d'augmenter la gloire de l'Église. Il devait avoir la douleur de voir les schismatiques qui troublaient Rome, élire contre lui un antipape.

Damase, un saint doublé d'un poète, s'occupa des cata-combes avec amour et composa d'innombrables vers pour placer sur les tombeaux des martyrs.

Il ne voulut pas y être inhumé, par un sentiment profond d'humilité, se trouvant, malgré son ardent désir d'y dormir son dernier sommeil, indigne d'un tel honneur.

Après un tel scrupule, nul n'osa plus introduire de corps dans ces lieux, et cet honneur ambitionné par tous ne fut plus accordé que dans les circonstances les plus rares.

Une révolte avait chassé Valens de Constantinople, et Valentinianus qui venait de vaincre les Allemans dans cet Occident incessamment menacé par les barbares, était gravement malade et associait son fils Gratianus à l'empire.

Rentré à Constantinople après la mort de l'usurpateur Procope, Valens, circonvenu par les Ariens, persécutait l'église, envoyant en exil les plus illustres évêques catholiques.

Athanase était mort; Basile, Grégoire de Naziance, Grégoire de Nysse, Ambroise, brillaient comme des flambeaux, pendant qu'en Gaule, Martin ressuscitait les morts, prêchait la foi du Christ en vaillant apôtre, convertissait les peuples, détruisait les temples druidiques, et fondait le célèbre monastère de Marmoutiers.

En même temps, il se montrait l'ennemi déclaré des superstitions populaires et de la foi irraisonnée des populations.

Non loin de son monastère se trouvait un lieu de pèlerinage célèbre, où les populations se rendaient en foule, croyant que des martyrs inconnus y étaient ensevelis. Des évêques avaient consacré le lieu par un oratoire.

— Quel est donc, demanda Martin, le nom du martyr qu'on vénère en ce lieu? En quel temps et dans quelles circonstances a-t-il souffert?

— Mais nul, parmi les vieillards, ne put lui répondre.

L'apôtre s'abstint de paraître au pèlerinage, attendant

pour l'interdire, que ses renseignements fussent précis.

Un jour, il s'y rendit avec quelques-uns de ses prêtres et se mit en prière sur le tombeau, suppliant le Seigneur de lui révéler quels ossements y reposaient.

Tout à coup, il vit se dresser à sa gauche une ombre sordide et effrayante.

— Qui es-tu? s'écria Martin. Quelle fut ta vie en ce monde?

— J'ai été, dit le spectre, un brigand, mes crimes ont causé ma mort. L'erreur vulgaire a pris ma tombe pour celle d'un saint. Hélas! je n'ai rien de commun avec les martyrs, ils sont dans la gloire et moi dans les tourments!

Martin seul, avait vu, mais tous avaient entendu. Le saint évêque fit alors transporter l'autel dans une église et interdit le pèlerinage.[1]

Les miracles éclataient sous ses pas.

Un jour, il rencontra une cérémonie païenne de funérailles. Il crut voir une théorie et, faisant le signe de la croix, ordonna mentalement à la foule de s'arrêter.

A l'instant, tous furent fixés au sol comme des rochers, faisant de vains efforts pour avancer et ne réussissant qu'à tourner sur eux-mêmes. Martin s'approcha et reconnut un convoi funèbre; alors, il leur permit de continuer leur route.

Avant d'être évêque, il avait déjà ressuscité deux morts.

Un jour, il se rendait à Oppidum Carnutum,[2] où l'on ignorait le nom du Christ. La foule était accourue sur le passage du grand homme. Martin comprit que la vertu de Dieu allait se manifester là, et il annonça Jésus-Christ.

Soudain, fendant la foule, une mère vint déposer à ses pieds le cadavre de son enfant et, suppliante, s'écria en tendant ses deux bras vers lui, dans une expression de supplication ardente et d'inexprimable douleur :

---

(1) Sulpice-Sévère. *Vie de S. Martin*, ch. ix.   (2) Chartres.

— Nous savons que tu es l'ami de Dieu! Rends-moi mon unique enfant!

Et toute la foule joignit ses prières à la sienne.

Martin sentit que Dieu ne lui refuserait pas un appui.

Il prit dans ses bras le petit corps, se mit à genoux et pria avec ferveur. Quand il se releva, l'enfant vagissait joyeusement, et il le rendit à sa mère.

Une clameur immense, alors, s'éleva jusqu'aux nues, et la foule confessa Jésus-Christ. Et ils se prosternèrent à ses pieds, en lui demandant de les faire chrétiens.

Martin les bénit et dit en souriant :

— Je fais des catéchumènes à ciel ouvert, n'est-ce pas en pleine campagne qu'on a fait tant de martyrs![1]

Un jour qu'il prêchait, un païen lui cria :

— Si tu as tant de confiance en Dieu, donnes-en la preuve. Nous allons couper cet arbre que tu nous commandes d'abattre comme souillé par le culte des démons. Mets-to dessous. Si Jésus-Christ est Dieu, il te sauvera la vie et nul ne doutera plus de sa puissance.

— Soit, dit Martin.

Et il se laissa attacher à un poteau juste à l'endroit où la chute de l'arbre devait se faire. Les païens se mirent à en hacher le pied avec un entrain féroce. Les moines qui accompagnaient le saint, priaient et pleuraient à distance.

Un dernier craquement et l'arbre tombait de tout son poids sur la tête de l'évêque, déjà les branches l'effleuraient.

Mais le thaumaturge fit un signe de croix, et l'arbre repoussé par une force invincible se redressa et tomba de l'autre côté, au milieu des païens épouvantés et en déroute.

Et tous demandèrent le baptême.

A la prière de l'apôtre, des ouragans détruisaient des

____

(1) Sulpice-Sévère. *Dialogues*. La loi romaine décapitait hors des villes et on ne pouvait canoniquement faire des catéchumènes que dans les basiliques.

temples païens et en arrachaient jusqu'aux fondements, et les païens constataient l'impuissance de leurs dieux et venaient à Jésus-Christ.

Les Quades et les Sarmates, irrités du meurtre de leur roi tué en trahison par les Romains, ravageaient l'Illyrie. Valentinien accourut pour les châtier et mourir de colère à Bergetum devant leurs députés suppliants.

L'ancien monde était près de sa chute.

Bientôt les Goths allaient franchir le Danube, et un bruit sinistre courait, annonçant qu'une race d'hommes inconnue traversait les Palus-Méotides, plus horribles que les barbares.

C'étaient les Huns! troupe de chacals qui s'avançaient vers l'Occident, effroyables aux barbares eux-mêmes!

Valens sortit d'Antioche, accablé sous le mépris public qui criait à sa lâcheté que le temps était venu de brandir son épée contre des ennemis plus dangereux que des moines.

— Où vas-tu? s'écria le solitaire Isaac, voyant passer l'empereur. Tu as fait la guerre à Dieu, il n'est plus pour toi. Cesse ton impiété, ou ni toi ni ton armée ne reviendrez!

— Qu'on emprisonne ce faux prophète! s'écria Valens. Je reviendrai et je te ferai mourir!

— Tu le pourras si j'ai menti! répondit le moine.

Mais l'empereur ne revint pas. Une flèche gothique le blessa et, porté dans une cabane, le feu l'y consuma.

Et la pourpre impériale tomba sur les épaules d'un noble exilé, fils d'un grand général que Valentinien avait fait décapiter à Carthage. C'était Théodose.

Les généraux les plus illustres étaient tombés sur le champ de bataille, l'armée impériale avait succombé presque tout entière, et partout on sentait s'ébranler les fondements vermoulus du vieux monde.

II

Valentinien II et Gratien étaient les collègues de Théodose à l'empire. Le premier régnait en Occident, l'autre en Orient.

Théodose allait rendre son fameux édit, ordonnant de suivre la religion enseignée par Pierre et de croire à la divinité du Père, du Fils et du Saint-Esprit, autorisant ceux qui suivaient cette doctrine à se nommer « catholiques. »

L'Arianisme infestait toujours jusqu'aux rives du Bosphore. Théodose reçut le baptême et proscrivit l'hérésie. Un synode solennel fut convoqué à Constantinople pour confirmer le dogme de la consubstantialité. Les évêques catholiques reprenaient possession de leurs sièges.

Les moines luttaient, de leur côté, contre l'hérésie, vaillants soldats de l'orthodoxie, et Basile était le prophète des monastères de l'Orient.

De toutes parts, on venait à Césarée le consulter comme le suprême législateur de la vie religieuse. L'illustre Ephrem, lui-même, quitta son désert de la haute Asie pour aller l'entendre. Une voix lui avait dit, un jour :

— Lève-toi, Ephrem, et va manger des pensées.

— Où en trouverai-je, Seigneur?

— Dans le vase royal[1] que je me suis choisi.

Il vint à Césarée. En entrant dans l'église, il trouva Basile en habits pontificaux et prêchant au peuple, sur les marches de l'autel. Une colombe blanche était sur son épaule et lui soufflait l'inspiration du Saint-Esprit.

Ephrem témoigna son admiration dans la langue syriaque inconnue à Césarée, et le peuple disait :

— Quel est cet homme? C'est quelque mendiant?

Mais Basile lui dit :

— N'êtes-vous pas le solitaire Ephrem dont on raconte tant de merveilles?

— Oui, répondit Ephrem, mais en entendant votre harmonieux langage, je comprends qu'en préférant la solitude, je me suis écarté de la voie du ciel.

Les deux saints s'embrassèrent, et, de retour dans son désert, Ephrem écrivit l'éloge de Basile.

Epiphane, évêque de Constantia en Chypre, commençait à briller avec éclat. Lui aussi fondait des monastères.

L'église d'Orient était féconde en éloquence et en vertus.

« Si quelqu'un vous annonce un évangile autre que celui que vous avez reçu, qu'il soit anathème! »

Telles furent les dernières paroles de Damase qui s'endormit plein de jours. Le romain Siricius, fils de Tiburcius, s'assit sur la chaire de Pierre.

L'impératrice Justine, mère de Valentinien II, qui était arienne, voulut ouvrir à Milan une basilique pour sa secte. Le grand évêque Ambroise s'y opposa, fut condamné à l'exil, refusa d'obéir et se retrancha dans sa basilique sous la garde des fidèles en face des soldats qui assiégeaient l'église.

Justine court à Thessalonique implorer le secours de Théodose qui lui promet son aide.

____

(1) Basile Βασιλευς, veut dire roi.

— Toutefois, lui dit-il, sachez que votre hérésie vous voue au châtiment du ciel.

Jadis, Antioche s'était soulevée, Théodose avait prononcé contre la ville rebelle une sentence terrible aussitôt révoquée par son cœur généreux. Thessalonique venait de commettre le même crime contre son autorité, pour un frivole prétexte.

Irrité, Théodose avait donné l'ordre d'exterminer le peuple entier de cette ville. Cette fois encore, il révoqua son ordre cruel, mais déjà il était exécuté, l'affreux massacre avait eu lieu et la ville infortunée nageait dans une boue sanglante.

Ambroise apprend cette lugubre nouvelle à Milan. Aussitôt, il se retire à la campagne, refuse de paraître à la cour et écrit à l'empereur :

— Si vous aviez la témérité, César, d'assister au divin sacrifice après un pareil forfait, je n'oserais point l'offrir devant vous; car ce qui me serait interdit pour le sang répandu d'un seul homme, ne saurait m'être permis pour le meurtre d'une foule d'innocents![1]

Mais cette déclaration nette n'arrête point Théodose. Il se met en route pour entrer dans l'église. Sur le seuil, il rencontre un homme qui l'arrête, impitoyable et sévère.

C'est Ambroise qui lui crie :

— Arrière César! Tu as imité David dans son crime, imite-le dans sa pénitence, si tu veux rentrer en grâce devant Dieu.[2]

Huit mois s'écoulèrent et l'empereur n'avait pu encore obtenir la permission d'entrer dans le lieu saint.

— Hélas! hélas! répétait-il dans son amère douleur, le temple de Dieu est ouvert aux esclaves et aux mendiants, je suis l'empereur, et il m'est fermé!

Et il envoyait Rufinus, son confident, supplier Ambroise. Mais l'évêque impitoyable répondait :

---

(1) S Ambroise. *Epîtres LI*, n° 11.   (2) Paul. *Vie de S. Ambr.*

— Théodose est puissant. S'il veut se montrer un tyran, qu'il prenne ma vie, je la lui donnerai avec joie! [1]

Enfin, le repentir du maître du monde toucha le cœur de l'évêque de Jésus-Christ, qui lui accorda la faveur de l'expiation publique. En échange, Ambroise exigea que Théodose rendit une loi suspensive de toute exécution à mort pendant trente jours après le prononcé de tout arrêt.

Déjà, une loi semblable existait, oubliée. [2] Si Théodose l'eut observée, Thessalonique eut été sauvée. L'évêque du Christ exigeait que le temps fut donné à la colère, de mourir et à la pitié, de germer!

Dépouillé des ornements impériaux, le maître du monde entra dans le temple et, pour implorer la pitié du ciel, il ne pria pas debout à la manière des orantes, il ne fléchit pas seulement les genoux, mais il s'abîma en humiliation sur le pavé de la basilique en sanglotant le verset de David :

— O Seigneur! mon âme est anéantie de terreur, que le verbe de ton pardon vivifie de nouveau son néant! [3]

Et, près de lui, Ambroise, prosterné dans les larmes, priait avec une ferveur telle qu'on l'eût cru le seul coupable.

Exemple sublime proposé à l'admiration des âges! Le peuple était convaincu que le crime abaisse tout ce qui est élevé et que Dieu ne reconnaît que la vertu.

O Paganisme, où es-tu, maintenant, devant la révélation d'une telle puissance sortie des fanges de ton orgueil et de la décomposition de tes luxures, pour faire briller sur le monde le triple flambeau de la vérité religieuse, philosophique et politique, par la médiation unique, sans tache et souveraine du Christ Imperator!...

---

(1) Théodose, l. **v**, ch. xxiii.

(2) Cette loi avait été déjà rendue dix ans auparavant par Gratien, mais n'avait jamais été exécutée. *Code Théodorien*, l. iii.

(3) Théodose. *Hist.*, l. **v**, ch. xiv.

III

L'Église montrait alors, au monde, les plus radieuses splendeurs de sa fécondité.

Chrysostome, aux lèvres d'or, se lève après Basile; Augustin succède à Ambroise. L'esprit divin souffle sur l'univers et y fait éclore partout la sainteté et le génie. Le secrétaire du pape Siricius était déjà le grand Jérôme.

Sur les pas de Martin, le thaumaturge des Gaules, s'élancent des légions d'héroïques évêques et de puissants hommes dont le génie d'un seul eût illustré un siècle.

C'est Delphinus et Amandus à Bordeaux, Illydius, Nepotianus et Artemius à Clermont; Euvertus et Anianus à Orléans; Justus à Lyon, Aper à Toul, Romanus à Blaye, Phœbadius à Agen, Elanius à Auxerre, Maturin à Sens, Sulpice-Sévère à Tours et Victricius à Rouen.

L'Espagne voyait une moisson semblable sur son sol sanctifié, et Rome, cité de Jupiter, devenue métropole du Christ, voyait sortir le génie chrétien de chacun de ses pavés.

Grégoire de Naziance achevait dans la solitude volontaire sa glorieuse carrière, mais Isidore de Scété, Macarius d'Alexandrie, Jean d'Egypte, Théotime, évêque des Scythes,

Amphiloque d'Iconium, Epiphane de Salamine, Sérapion de Thmius, etc., recueillaient l'héritage de son génie.

Admirable et providentielle moisson de vertus, de gloire et de sagesse que la Providence amassait au quatrième siècle, pour nourrir de civilisation et de foi les barbares du cinquième et les amener dociles au bercail de Jésus-Christ.

C'étaient là les soldats de l'avant-garde militante de la décadence de l'empire, destinée à recevoir le premier choc barbare pour en adoucir et en dompter la férocité farouche.

Mais, déjà, le trône de César est éclipsé, la chaire de Pierre occupe, exaltée par la donation de Constantin, le point culminant du monde, dont les destinées vont évoluer désormais à ses pieds.

Le profane Augustin, fils de l'immortelle Monique, inquiet dans la fausse sécurité des plaisirs, avait, cédant aux prières de sa mère embrassé la foi et reçu le baptême à Milan.

Il s'était alors associé trois néophytes, ses amis, Alypius, Nebridius et Evodius. Avec eux, il étudiait la vérité sous la direction de Monique, et dans ces études, il fortifiait son intelligence et trouvait des charmes purs pour son cœur.

Ambroise avait été l'artisan de cette conversion.

Augustin, de son côté, consultait l'évêque sur la direction à donner à son intelligence et à ses études.

Il lui écrivit, afin de demander quels livres il devait étudier, afin de mieux marcher dans les voies de la grâce.

— Étudie le prophète Isaïe, répondit Ambroise, c'est à mon sens, la meilleure étude préliminaire à celle de l'Évangile; c'est dans ce prophète que tu trouveras la clef du mystère de la conversion des gentils.

Augustin n'était pas préparé encore à une si subtile étude.

— Je ne comprenais pas ces grandes choses, dit-il,[1] et je

____

(1) *Confessions*, l. IX, ch. V.

dus remettre ces études à un temps où je serais plus familiarisé avec la parole divine.

Toutefois, il voulut retourner en Afrique, afin de réparer, dans sa patrie, par le spectacle de sa conversion, les scandales de sa vie précédente.

Isaïe était trop sévère pour le cœur tendre d'Augustin. La Providence, allait lui envoyer cet ange de maturité et d'éloquence qui se nomme la douleur.

Coup terrible et imprévu qui allait frapper l'idole de sa piété filiale et creuser en lui un gouffre si profond que les larmes ne pourraient, de son abîme, monter à ses yeux.

— Le temps approchait, dit-il,[1] où Dieu allait rappeler à lui sa pieuse servante Monique, ma bien-aimée mère, et nous ne nous en doutions pas!

« Un soir, accoudé avec elle à une fenêtre qui donnait sur le jardin de la maison, notre vue se portait sur l'horizon charmant que forme en ce lieu l'embouchure du Tibre.

» Loin de la foule, après tant d'orages heureusement traversés, nous nous préparions à remettre à la voile.

» Notre conversation avait les ineffables douceurs de la plus délicieuse intimité. Le passé et les tristes souvenirs étaient tombés dans l'oubli; nous étendions les bras vers l'avenir et surtout, ô mon Dieu, nous nous plongions dans l'océan infini de votre vérité. Nous y trouvions comme un avant-goût de ce qui doit être la félicité des saints, cette éternelle vie que l'œil de l'homme n'a pu sonder, que son oreille n'a pu entendre que son esprit est impuissant à concevoir.

» Notre cœur s'abreuvait aux sources célestes, à la fontaine de toute vérité, c'est-à-dire à vous-même, ô Seigneur!

» Notre entretien s'était élevé par-dessus les horizons terrestres, nous étions plongés dans une lumière surnaturelle et divine. Toutes les autres clartés, toutes les autres puis-

(1) Ibid.

sances s'évanouissaient en face de cette vie bienheureuse où tendait notre amour. Les créatures visibles, le ciel, le soleil, les astres, nous avaient servi comme de marche-pied pour monter plus haut. Notre âme, nos facultés intellectuelles n'avaient été qu'un point d'appui pour nous élancer dans les domaines de votre éternelle et infinie sagesse, ô Dieu véritable, pasteur d'Israël qui nourrissez les âmes du pain de la vérité, auteur de toute vie présente, passée et future !

» Nous disions donc : Que tout se taise, que la terre, les airs et les cieux fassent silence ; que notre âme, elle-même, avec ses pensées, ses imaginations et ses rêves se recueille ; qu'elle fasse taire toute voix, tout mouvement, qu'elle écarte tout symbole, tout ce qui est fugitif et passager ! Toutes ces choses ne sauraient rien nous apprendre.

» Elles nous diraient, en effet :

» — Ce n'est pas nous qui nous sommes donné l'être ; nous le tenons de l'Éternel !

» C'est à Dieu que tout nous renvoie, vers Dieu que tout nous élève. Qu'il nous parle donc, ce grand Dieu ; qu'il nous parle seul, qu'il se fasse entendre, non par la voix d'un ange, non par l'écho sorti d'un nuage, non par le miroir des choses extérieures. C'est par lui que nous voulons voir et entendre, parce qu'il est le seul que nous aimions, que nous admirions et que nous adorions ! [1]

» Après un long silence, Monique reprit :

» — Mon fils, je ne sens plus rien qui me rattache désormais à la vie ! Que ferais-je encore ici-bas quand j'ai rompu avec toutes les espérances du siècle ! Le seul lien qui me retenait à la terre, c'était de te voir chrétien et catholique. Dieu a comblé mes vœux ! Voici que tu lui as sacrifié toutes les joies de la terre et que tu es devenu un fervent disciple de Jésus-Christ. Je n'ai donc plus rien à faire en ce monde !

(1) S. Augustin. *Confessions*, l. ix, ch. x.

Le saint Pontife sortit de la grotte et se montra à eux :
— C'est moi qui suis Sylvestre ! (P. 41.)

» Je ne sais plus quelle fut ma réponse à ces paroles.

» Cinq jours après, ma mère s'alita. Elle avait la fièvre. Une défaillance la prit et nous nous empressâmes auprès de son lit. Quand elle eut repris ses sens, elle nous regarda tous deux, mon frère et moi, de l'air d'une personne qui s'éveille d'un songe.

» — Où donc étais-je? demanda-t-elle.

» Puis, fixant sur nous un regard où brillait toute son affection :

» — C'est ici, dit-elle, que vous déposerez dans une sépulture chrétienne, le corps de votre mère.

» Je fondais en larmes sans pouvoir parler.

» Mon frère lui répondit que Dieu ne permettrait pas qu'elle mourût sur une terre étrangère et que nous aurions le bonheur de la ramener dans notre patrie.

» Alors, le regardant sévèrement, elle me dit :

» — Vois combien les espérances de ton frère sont encore mondaines !

» Quelques instants après, elle nous dit à tous deux :

» — C'est ici que vous déposerez mon corps. Où ce soit, peu importe. Mais, partout où vous serez, souvenez-vous de moi à l'autel du Seigneur.

» Après avoir ainsi parlé, elle retomba dans une crise plus violente et ne rouvrit plus la bouche.

» Et moi, dans ma douleur, je songeais, ô mon Dieu, à tous les préparatifs que je lui avais vu faire en Afrique dans la pensée d'être inhumée un jour dans le même sépulcre que son époux; puis, je me rappelai cette suprême conversation à la fenêtre; enfin, un mot qu'elle avait prononcé jadis devant des amis, me revenait à l'esprit.

» On parlait de la mort et de la douleur qu'on pouvait éprouver de mourir loin de sa patrie.

» — Nulle part, avait-elle répondu, on n'est loin de Dieu. Je ne me soucie pas plus d'un lieu que d'un autre. Le Seigneur saura bien où me prendre pour me ressusciter au dernier jour!

» Le neuvième jour de sa maladie, la cinquante-sixième année de son âge et la trente-troisième du mien, cette âme pure fut délivrée des liens de son corps.

» Je lui fermai les yeux, la douleur me déchirait les entrailles et je versais un torrent de larmes.

» Par un suprême effort de volonté, je refoulai cette émotion et je commandai à mes yeux de rester secs. Mais, dans cette lutte, je souffrais intérieurement des tortures atroces.

» Adeodatus, mon fils, se jeta en pleurant sur le corps de ma mère. Il poussait des sanglots à fendre l'âme. Nous le retînmes et, à force de raisonnements, nous le fîmes se taire. Cela me rendit courage. Nous comprenions qu'une telle mort ne devait pas être accompagnée de lamentations.

» Il n'est permis de se désoler ainsi qu'à ceux qui n'ont pas la foi ou pour des morts qui ne laissent pas d'espérance.

» Ma mère n'était pas morte sans espérance, ou plutôt, elle venait de naître à la véritable vie, et cette pensée appuyée sur des motifs certains devait rassurer notre foi.

» Evodius se mit à réciter le chant triomphal :

» *Misericordiam et Judicium cantabo tibi, Domine.*[1]

» Il lisait un verset et nous reprenions le verset suivant.

» Cependant, les frères et les sœurs étaient venus pour préparer les funérailles.

» Pendant que s'accomplissaient ces dispositions suprêmes, je me tenais décemment à l'écart, m'entretenant avec mes amis, m'efforçant de vaincre ma douleur, au point qu'un étranger eût pu croire que j'étais calme.

» Mais, ô mon Dieu, vous dont l'oreille entend tous les soupirs du cœur, vous savez combien il m'en coûta pour réprimer les transports de mon affliction! De temps en temps,

____

(1) Je chanterai, Seigneur, les miséricordes de votre jugement. *Psaumes.*

je sentais bouillonner la douleur dans mon âme; je ne la laissai pas s'épancher en larmes ni même se traduire par une altération quelconque de mon visage, mais vous savez, ô mon Dieu, ce que souffrait mon cœur!

» Enfin, quand le cercueil fut porté au tombeau, nous allâmes et revînmes sans avoir versé de larmes.

» Pendant que j'unissais mes prières au sacrifice de notre Rédemption qui fut offert pour elle; pendant que, selon la coutume de ce lieu, le corps resta déposé devant la tombe ouverte où il allait être enseveli, je ne pleurai point! Mais, toute cette journée, je fus en proie à une douleur indicible.

» Je vous suppliais, ô mon Dieu, d'en adoucir l'amertume, et vous ne le fîtes pas! Sans doute, vous vouliez me faire comprendre par cette épreuve solennelle, quelle est, même pour les âmes régénérées, la force et la puissance des sentiments humains.

» La nuit venue, j'essayai de dormir. Seul dans l'obscurité, je murmurais ces vers d'Ambroise : [1]

« Dieu Créateur de l'univers, Maître du ciel, qui décorez le jour de sa radieuse lumière et la nuit des grâces du repos, vous avez voulu, paternelle bonté, que le sommeil réparât nos membres pour un nouveau travail, qu'il soulageât nos âmes lasses et chassât les chagrins cuisants. »

» En repassant dans mon esprit cette sainte maladie, je pensais, ô mon Dieu, à votre pieuse servante, ma mère; je me rappelais les conversations où elle me parlait de vous en termes si tendres et où elle dirigeait mon âme dans les sentiers de la justice et de la vérité. Hélas! je l'avais perdue! A cette pensée, je pleurai seul devant vous seul et mes larmes coulèrent alors abondamment.[2] »

(1) Hymne de S. Ambroise. *Deus creator omnium.*
(2) *Confessions* de S. Augustin.

Augustin quitta l'Italie déjà bruissante de sa célébrité et résolut, imitateur de Basile, d'aller, avec Alypius, Evodius et Nebridius, ses amis, laissant à Ostie, le sépulcre cher à son cœur, fonder en Afrique un ordre de son nom.

Car, le but de tous les génies du quatrième siècle était la catholicisation du monde par l'établissement sur tous ses points d'innombrables foyers religieux, véritable ganglions de foi, nœuds indissolubles des filets providentiels de la grâce de Jésus-Christ, le divin pêcheur.

Politique sublime qui, dans des temps plus propices, eut inauguré pour le bonheur de l'humanité, la Théocratie du salut, sous le divin et rédempteur arbitrage du Christ.

Les rages de l'hérésie et du schisme devaient amoindrir ce grand rêve. Cependant, Théodose proscrivait par un édit le culte païen dans tout l'empire et achevait d'écraser le schisme arien d'Antioche, et le mouvement des gentils s'accentuait tous les jours vers Jésus-Christ.

Valentinien mourait assassiné, et un grammairien travesti en empereur usurpait la couronne d'Occident. Il rêvait avec le concours des chefs Francs d'anéantir la « superstition chrétienne » et de détrôner Théodose.

L'empereur envoya Eutrope, son favori, demander conseil à l'illustre anachorète, Jean de Lycopolis.

— Dites à l'empereur, répondit le saint solitaire, que la victoire l'attend. Des flots de sang couleront, le tyran sera mis à mort. Mais Théodose mourra après sa victoire laissant à l'un de ses fils l'Orient, et à l'autre l'Occident.

Théodose se prépara à cette lutte par un pèlerinage aux Lieux-Saints. Du choc inouï de l'Orient contre l'Occident, sortit une miraculeuse victoire aux champs d'Aquilée; un démoniaque, au même moment, proclamait, dans la basilique de Constantinople, la nouvelle défaite de Satan.

Et sur les médailles commémoratives, Théodose et ses deux fils triomphants, furent représentés la croix à la main.

Représailles de sa victoire, toutes les idoles furent mises en pièces et leurs autels détruits.

— Jusques à quand, s'écria-t-il à une députation des sénateurs encore païens, tarderez-vous encore à embrasser la foi de Jésus-Christ, la seule qui puisse donner la paix à l'âme et effacer les souillures de l'iniquité ? Sachez que désormais, votre culte ne doit plus compter sur aucune subvention.

— Si le trésor impérial cesse de subvenir aux frais des dieux, s'écrièrent les sénateurs, le paganisme ne sera donc plus la religion de l'empire ?

— Vous l'avez dit, répondit Théodose, et vous venez de prononcer l'arrêt de mort de l'idolâtrie.

Les temples de Rome furent fermés et les sacrifices cessèrent aussitôt. Alors fut posée au Sénat cette question :

— Les Romains adoreront-ils le Christ ou Jupiter ?

Les vieillards regrettaient peut-être Jupiter, mais leurs fils acclamèrent le Dieu d'Ambroise.

« Et l'on vit[1] les Pères Conscrits, ces brillantes lumières du monde, se livrer à des transports ; ce conseil de vieux Catons tressaillir en revêtant le manteau de la piété, plus éclatante que la toge romaine et en déposant les insignes du pontificat païen.

» Le sénat entier, à l'exception de quelques-uns de ses membres restés sur la roche Tarpéienne, se précipita dans les temples purs des Nazaréens. La tribu d'Evandre, les descendants d'Enée, accoururent aux fontaines sacrées des apôtres. Le premier qui présenta sa tête, fut le noble Anicius... Ainsi le raconte l'auguste cité de Rome. L'héritier du nom et de la race divine des Olybres saisit dans son palais orné de trophées, les fastes de sa maison, les faisceaux de Brutus pour les déposer aux portes du temple du glorieux martyr, pour abaisser devant Jésus la hache d'Ausonie !

______

(1) Le poète Prudence. *Corpus doctorum*, t. 4.

» La foi vive et prompte des Paulus et des Bassus les livra subitement au Christ. Nommerai-je les illustres Gracches? Dirai-je les consulaires qui, brisant les images des dieux, se vouèrent avec leurs licteurs à l'obéissance du crucifié triomphant? Je pourrais compter plus de six cents maisons de race antique rangées sous ses étendards. Jetez les yeux sur cette enceinte, à peine y trouverez-vous quelques esprits perdus dans les rêveries païennes, attachés à leur absurde culte, se plaisant à demeurer dans les ténèbres et à fermer leurs yeux à la splendeur du jour. »

Quelque temps après, Théodose expirait en prononçant avec une filiale affection le nom d'Ambroise.

L'illustre évêque de Milan devait le suivre de près.

Grégoire de Nysse, Amphilochius d'Iconium et Martin de Tours rendaient aussi leur âme à Dieu.

Une attaque de paralysie surprit l'illustre évêque des Gaules à Condat, dans un voyage apostolique.

— Mon corps va se dissoudre, dit-il à ses disciples éplorés autour de lui.

— O Père, s'écrièrent-ils, n'abandonnez pas votre troupeau à la fureur des loups! Ayez pitié de nous!

— Seigneur, pria Martin, si je suis encore nécessaire à votre peuple, je ne refuse pas le labeur. Mais que votre volonté soit faite!

Et, couché sur la cendre, il pria à haute voix, disant à ceux qui voulaient le soulager :

— Laissez-moi, je regarde le ciel. Mon âme s'habitue à la route qu'elle va suivre pour rejoindre le Seigneur.

Mais soudain, ses yeux fixèrent une vision diabolique.

— Que viens-tu faire ici, Satan, bête cruelle? s'écria-t-il. Tu ne trouveras rien en moi qui t'appartienne; je vais me reposer dans le sein d'Abraham![1]

---

(1) Sulpice-Sévère. *Epist. ad Bassulam.*

Son dernier soupir s'exhala à ces mots.

Des extatiques connurent aussitôt sa mort, et, peu de temps après, il apparaissait à Sulpice-Sévère, son ami, rayonnant de la lumière des saints.

L'Orient applaudissait au sacre épiscopal du grand Augustin et du sublime Chrysostôme, Hippone et Constantinople.

Le pape Siricius mourait à son tour, après avoir formulé l'axiome fondamental de la catholicité.

— « La règle transmise par les Apôtres nous enseigne que la confession des évêques catholiques doit être une. Si donc, il n'y a qu'une seule foi, il n'y a aussi qu'une seule tradition qui conduit à l'observance d'une seule discipline universelle. »

Et l'on grava en vers alexandrins, sur sa tombe, cette épitaphe que l'archéologie devait arracher un jour à l'oubli :

« D'abord, lévite et lecteur de Liberius, à la mort de Damase, ses vertus le firent asseoir, grand prêtre, sur la chaire apostolique, dispensateur des eaux sacrées de la grâce et de la doctrine. Choisi par Dieu pour donner à tous les peuples une paix solide, il fut pieux et juste et nous fit des temps prospères. Grand défenseur, il revendiqua près des puissants et des princes les droits de l'Église. Miséricordieux, cœur large, il laisse un nom immortel. Il a gouverné avec amour le peuple fidèle pendant quinze ans. Il repose maintenant dans le royaume du Ciel.[1] »

Arcadius en Orient, Honorius en Occident, multipliaient les édits de Théodose, leur père, en faveur de la foi.

A Alexandrie tomba le temple célèbre de Sérapis où l'on gardait le Nilomètre près de la colossale statue du dieu coiffé du boisseau et sur les lèvres duquel, un jour par an, le soleil déposait un baiser rayonnant.[2]

---

(1) Baronius.

(2) C'était là une sorte de gnomon comme on en voit un dans l'église de Saint-Sulpice à Paris.

Les païens enfermés dans ce temple splendide y soutin-
rent un véritable siège contre Théophile d'Alexandrie et le
préfet d'Égypte armés des édits de Théodose. Olympius les
commandait. Il s'enfuit. Il avait entendu dans la nuit du
sanctuaire une voix qui chantait *alleluia!* D'autres temples
grandioses subirent le même sort. Ce furent des excès humains ;
la croix du Christ aurait sanctifié ces merveilles et conservé
ces trésors à l'admiration des siècles.

Partout les temples croulaient aux chants de victoire de
Prudence, et le vieux Libanius pleurait sur leurs débris.

Les restes du paganisme descendirent, à leur tour, dans
le mystère des catacombes, d'où étaient sortis les chrétiens,[1]
pour y cultiver, dans le secret, la fleur noire de la haine et
y nourrir l'infructueux espoir d'une vengeance dont le manteau protéen trouvera des rapiéceurs dans tous les siècles.

(1) S. Boniface s'en plaignait au 8ᵉ siècle. *Epistol. ad Suran.*

IV

AUGUSTIN ET CHRYSOSTOME.

Avant sa conversion, Augustin avait été manichéen et rhéteur. Les premiers pas dans sa voie nouvelle allaient faire de lui un thaumaturge.

Arrivé à Carthage, sa patrie, il fut reçu par l'avocat Innocentius, malade de fistules auxquelles les médecins avaient appliqué toutes les ressources de la médecine et de la chirurgie sans succès. Irrité de tant de souffrances, Innocentius s'était soumis à une dernière opération qui devait être décisive.

De saints personnages entouraient le malade; c'étaient Saturninus, évêque d'Uzala, le prêtre Gélosus, les diacres de Carthage, l'évêque Aurélius qui s'efforçaient de relever son courage et de le persuader de s'en remettre entièrement aux mains de la Providence. Le malade, épouvanté, était convaincu que sa dernière heure était arrivée. Tous étaient prosternés et priaient avec ferveur et Augustin disait :

— Seigneur, quand donc exaucerez-vous les prières de vos serviteurs si vous n'exaucez pas celle-ci?

Les médecins entrèrent et on fit les redoutables préparatifs. Le malade fut placé dans la plus favorable attitude et l'opérateur, après avoir enlevé les bandages, s'arma du fer et, avant de s'en servir, chercha avec attention le mal.

Mais, au lieu d'une plaie, il ne trouva qu'une cicatrice déjà fermée. Le mal avait disparu ! Il le constata avec étonnement.

Et des cris de reconnaissance et d'actions de grâces éclatèrent de toutes parts au Dieu de toutes les miséricordes.[1]

Augustin s'établit dans son domaine patrimonial de Tagaste, le transforma en monastère et, pour mieux accentuer son vœu de pauvreté, il fit don de cette propriété à l'église de Tagaste à condition que l'évêque fournirait annuellement à la subsistance de la communauté. Tout y était en commun et nul ne possédait rien en propre. Le travail manuel ou intellectuel y était obligatoire.

Bientôt on y vit arriver des esclaves, des affranchis, des ouvriers, des paysans, des plébéiens, qui venaient y partager la vie monastique d'illustres sénateurs.

Augustin fonda, en outre, à Hippone, un monastère de femmes, dont sa propre sœur fut la supérieure, par son ordre.[2]

Dans sa retraite, l'illustre docteur suivait le mouvement intellectuel de son temps et composait des chefs-d'œuvre. Il publiait des traités pour confondre les manichéens et défendre la vraie religion, puis des livres sur la musique et des dialogues.

Son humilité lui interdisait de mettre les pieds dans aucune des villes dont le siège épiscopal vaquait, dans la crainte qu'on ne le fît évêque.

Valère était évêque d'Hippone, lorsqu'un fonctionnaire, qui habitait la ville, voulut conférer avec Augustin qui se rendit à son désir. C'était un piège aussi pieux qu'habile et le fils illustre de Monique y tomba sans défiance.

(1) S. Augustin, *De civitate Dei.*

(2) La règle de S. Augustin, en 24 articles, devint sous Charlemagne, le code fondamental d'une branche immense de l'ordre monastique. Elle est encore suivie aujourd'hui.

Un dimanche, qu'Augustin assistait à l'office dans l'église d'Hippone, Valère s'adressa à l'assemblée et lui dit :

— Mon âge et mes infirmités me rendent de plus en plus difficile le ministère de la parole. De plus, je suis grec et je ne parle pas bien votre langue latine; il me faut un auxiliaire jeune, éloquent, zélé, ayant de la piété et du génie pour me suppléer dans la prédication; ne le pensez-vous pas comme moi?

Tous les yeux désignèrent Augustin. La foule l'entoura et le conduisit à Valère, en suppliant l'évêque de lui imposer les mains et de lui conférer le sacerdoce.

Augustin, en pleurant, se jeta aux pieds de l'évêque en le conjurant ainsi que le clergé et les fidèles de ne pas imposer ce fardeau sur ses épaules.

— O Valère, dit-il, ô père vénérable, vous voulez donc ma mort? où est votre charité? m'aimez-vous? aimez-vous votre Église? Oui, vous m'aimez et vous aimez ce peuple. Pour lui et pour moi, ne donnez pas suite à votre projet! Tout me manque pour la mission dont vous voulez me charger!

Il n'obtint qu'un répit de quelques mois pour se préparer à l'ordination qu'il reçut à la proche fête de Pâques. Et, dès lors, il prêcha chaque dimanche. Il resta fidèle à ses vœux monastiques. Quelque temps après, Valère, qui en avait fait son plus précieux collaborateur, voulut se décharger sur lui des charges entières de son épiscopat et le faire consacrer.

La joie du peuple fut immense et de nombreux évêques arrivèrent à Hippone.

— Hélas! disait Augustin, je ne veux pas présider mais servir. A peine arraché à la tempête de mes passions, on me constitue pilote! Quelle responsabilité et quel fardeau. Je les ai fuis, je les fuirai et retournerai au désert.

La vigilance du peuple rendait ses projets inutiles.

En vain se retrancha-t-il derrière des objections canoniques jalousement cherchées et interprétées pour sa cause; la veille de Noël, en présence d'un peuple ivre de joie, sous les yeux du vénérable Valère, qui pleurait d'allégresse, Augustin, le modèle des évêques, le plus illustre des docteurs, la gloire de l'Église latine, le disciple d'Ambroise, le fils de Monique, recevait l'onction consécratrice.

Et telle était la réputation de gloire et de sainteté d'Augustin que, du fond de son désert, Paulin s'écriait :

— Providence admirable! Ce n'est pas Augustin que je félicite, c'est l'Église d'Afrique qui le compte en ce jour parmi ses évêques. Quelle grâce Dieu fait à cette Église de réserver pour elle seule les trésors de doctrine céleste, les flots d'éloquence et d'onction qui tombent des lèvres et du cœur d'Augustin! Tout est nouveau dans la sublimité et dans la vocation de ce génie. Le voilà évêque d'une cité dont l'évêque vit encore! Au vénérable Valère, évêque d'Hippone, s'adjoint pour coévêque le grand Augustin. Heureux vieillard, qui, après avoir obtenu de Dieu par ses prières, ses mérites et ses vertus, la gloire d'avoir Augustin pour prêtre, a encore obtenu la faveur inouïe de l'avoir pour collègue! A peine si ces merveilles de la grâce paraissent réalisables. Mais voilà que le Tout-Puissant y a mis la main et ce qui est difficile aux hommes est facile à Dieu![1]

Vers cette époque, l'évêque de Constantinople mourait et l'on ne pouvait s'entendre pour un successeur.

Alors, le chambellan impérial, Eutrope, prenant la parole, dit à l'assemblée :

— Je connais un homme digne en tout point de cet honneur. Il est originaire d'Antioche. Libanius a été son maître d'éloquence et a pleuré de voir devenir chrétien son plus illustre élève. Il a passé longtemps dans la solitude des montagnes auprès de l'anachorète Carterius. Sa santé, altérée par les pratiques de la sainteté, le ramena à Antioche où Melèce le fit diacre. Flavien le fit prêtre cinq ans après et lui

____

(1) S. Paulin. *Epist. inter Epist. Augustini.*

confia le ministère de la prédication. Sa naissance est illustre, mais son génie est plus illustre encore. Les foules se pressent pour l'entendre; elles l'ont surnommé Chrysostome /[1]

— C'est Jean! cria l'assemblée tout d'une voix. Nous voulons Jean pour évêque!

— Jean sera évêque, dit l'empereur Arcadius, qu'on aille aussitôt le chercher à Antioche!

Les officiers d'Arcadius partirent.

Déjà les évêques d'Orient accouraient à Constantinople pour donner plus d'éclat au sacre de Jean, aussi illustre par ses vertus et son éloquence que par le courage avec lequel il poursuivait les pécheurs publics.

Arrivés, les messagers impériaux s'adressèrent à Asterius, comte[2] d'Orient, et lui confièrent le but de leur mission.

— Gardez-vous bien, leur dit-il, de laisser transpirer un seul mot de tout cela! Retournez à Parga dans le plus grand secret, c'est le premier relai de poste et je vous y rejoindrai.

Les officiers obéirent.

Alors Asterius envoya prier Jean de venir à son palais pour conférer avec lui sur un sujet important, et ayant, disait-il, une grâce à lui demander.

Il avait fait atteler son char et il s'apprêtait à y monter, lorsque Jean arriva.

— Veux-tu me faire la grâce de m'accompagner à la promenade, serviteur de Dieu? lui dit-il. Je vais sur la route de Perga faire une brève excursion, et je t'exposerai en chemin ce que j'ai à te dire.

— Volontiers, dit Jean sans défiance.

Arrivé au relai, Asterius remit Jean aux officiers de l'empereur, ayant ainsi, par sa sagesse, évité le premier

(1) En grec *bouche d'or*.

(2) Ce titre de comte *(comes compagnon)* était déjà depuis longtemps usité dans l'empire. On le retrouvera dès lors fréquemment.

refus de celui-ci et la colère du peuple d'Antioche qui se fut ameuté, s'il eut su qu'on lui enlevait Chrysostome.

A peine assis sur la chaire épiscopale, Jean consacra tous ses soins à réformer les abus qui étaient de son ressort, usant parfois de grande sévérité.

L'humilité de Jean Chrysostome lui avait toujours fait fuir les responsabilités de l'épiscopat quoique, de son propre aveu, il se sentait plutôt appelé à gouverner une église qu'à vivre au désert,[1] mais l'élection de Basile, son intime ami, prouve en ses circonstances que l'honneur épiscopal l'effrayait.

« Le bruit s'était répandu dans la ville, dit le grand Docteur,[2] qu'on nous cherchait, Basile et moi, pour nous élever tous deux à la dignité épiscopale.

» A cette nouvelle, je fus saisi de terreur et d'une anxiété indicible. Je tremblais qu'on vint m'enlever de force et je ne pouvais m'expliquer comment les suffrages avaient pu se porter sur nous. Plus je m'interrogeais, plus je me trouvais indigne d'un tel honneur.

» Cependant, Basile, mon noble ami, accourut, m'apportant la nouvelle que je savais déjà.

» Nous résolûmes de ne rien faire que d'un commun accord. Il se déclarait prêt à prendre le même parti que moi, c'est-à-dire à fuir ou à céder selon ma décision.

» De mon côté, je réfléchissais aux éminentes qualités de Basile, considérant devant Dieu que je ferais un tort immense à l'Église en privant le troupeau de Jésus-Christ d'un pasteur admirable et si bien fait pour le gouverner.

» Pour la première fois de ma vie, je dissimulai et lui dit que nous avions le temps de réfléchir, rien ne pressant et que, du reste, je me rangerais moi-même à son avis.

---

(1) S. Jean Chrysostome, *De compunctione*, I, 6 (Patrol. grecque).

(2) Ibid. *De sacerdotis*, l. I, ch. VI.

» Cependant, notre recherche était réelle, et l'évêque qui devait nous imposer les mains arriva à Antioche.

» Je me cachai si bien qu'on ne me trouva pas/ Basile, ignorant ma fuite, ne se souciait de rien. On vint le chercher sous prétexte d'une affaire. Il sortit confiant. Aussitôt, on l'entraîna à l'église et, malgré ses protestations, on le conduisit aux pieds du pontife consécrateur, en lui disant :

» — Quoi! vous seriez rebelle quand votre ami Chrysostome, qui craignait tant l'épiscopat, s'est docilement soumis au jugement des Pères?

» Basile désarmé, courba la tête et se laissa sacrer, pensant que j'en avais fait autant.

» Quand, après sa consécration, il apprit la vérité et ma fuite, il vint tristement me trouver dans ma retraite. Son visage portait l'empreinte de la consternation.

» Il s'assit et essaya de me raconter la violence qu'on lui avait faite, mais il éclata en sanglots, les larmes l'étouffaient et la parole expirait sur ses lèvres tremblantes.

» Alors j'éclatai de rire, et franchement, triomphant du succès de mon stratagème, je voulus le féliciter et l'embrasser.

» Il comprit que je l'avais trompé, et me repoussant avec indignation, me fit les plus amers reproches. »

Alors, Chrysostome mit en œuvre toute son éloquence pour le consoler.[1] Basile calmé s'écria :

— Chrysostome, par la charité de Jésus-Christ, prends mon état présent en pitié; aide-moi de ta parole et de ton exemple, ne nous quittons plus et vivons unis!

— De quel secours te serais-je, répondit Jean parmi tous les soucis qui vont t'absorber? Cependant, prends courage et je te promets de passer avec toi tous les instants de liberté que te laissera le labeur de ton grand ministère. Mes con-

---

(1) Cette célèbre conversation forme le *De sacerdotio*, chef-d'œuvre de S. Jean Chrysostome.

solations et mon affection ne te feront jamais défaut.

Chrysostome serra son ami dans ses bras, et Basile consolé s'en alla.[1]

Chaque fois que Chrysostome était allé dans la solitude, ce n'était que par crainte du fardeau de l'épiscopat.

Il y était, du reste, en compagnie célèbre. On comptait alors parmi les hôtes du mont Casius, situé au midi d'Antioche au milieu d'une nature enchantée, Pierre de Galatie, Macedonius le Crétophage, ainsi nommé, parce qu'il ne se nourrissait que d'orge bouillie à l'eau, Romanus, Severus, Zénon, Eusèbe de Toleda, Malchus et Aphrate, dont Theodoret et Jérôme devaient écrire les biographies.

Si la vie monastique n'avait pour Chrysostome que peu d'attraits, du moins, en cette illustre société, il en comprit toutes les beautés, toute la joie et toute la paix, et il apprit à l'aimer dans sa plus large et pure acception.

Cependant, il ne devait pas l'exalter en ses écrits au point d'y entraîner les hommes indécis.

« N'arrachez pas aux monastères les âmes éprises de perfection évangélique, dit-il, je ne veux pas changer les cités en déserts, j'aimerais mieux voir une paix si profonde régner parmi les hommes, que les solitaires éprouvassent le besoin de rentrer dans la ville, et que les habitants des villes n'eussent plus de motifs pour songer au désert.[2] »

Et de sa plume à l'encre d'or, l'admirable docteur trace le plus bel éloge de la plus vraie de toutes les solitudes, celle du cœur et du dedans de soi-même, plus complètement réalisée loin des villes, en pleine nature.

« Partout le solitaire est chez lui. Pour le bannir de sa

---

(1) Ce Basile n'est pas le même que le condisciple de Julien l'Apostat, ami de S. Grégoire de Naziance; inutile de le faire remarquer. On ne le connaît que comme ami et par les œuvres de S. Jean Chrysostome et l'on croit qu'il signa au Concile de Constantinople comme évêque de Raphée.

(2) S. Jean Chrysostome. *Adversus oppugnatores vitæ monasticæ,* l. I, ch. II.

patrie, c'est de la terre qu'il faudrait le chasser. Les fleuves,
les sources, les lacs fournissent à sa boisson et pour sa nourriture, il lui suffit des plantes qui croissent partout. Il ne
craint pas l'indigence, ignore les richesses, ne prend la part
de personne. Il ne possède ni maison de campagne, ni terres,
ni argent, et n'encombre pas les tribunaux de réclamations
ni procédures. Nul n'a d'intérêts matériels avec lui, et nul
n'est assez puissant pour le rendre malheureux.

» Il a mille avantages sur l'habitant des villes, celui qui
choisit l'air pur, l'eau limpide, les parfums et les fleurs. Que
de plaisirs inconnus des esclaves du monde qui marchent
dans la boue des cités, sont le partage des solitaires! L'herbe
fraîche, la claire fontaine, la paix loin du bruit, la joie des
yeux par le spectacle de la nature, la possession de soi-même,
cela ne vaut-il pas mieux qu'un palais? Vous le savez, vous
qui quittez la vie artificielle des villes, au printemps, pour
la beauté des campagnes.

» C'est ainsi que, vue de près, l'existence des solitaires,
sombre et austère au premier abord, rappelle les Champs-
Elysées des poètes mythologiques avec leurs îles, leurs prai-
ries, leurs myrtes, l'air embaumé et les chœurs vêtus de
blanc qui chantent des hymnes sans fin. »

Chrysostome prêcha avec tant de zèle contre l'orgueil, le
luxe et l'avarice des grands, que cette liberté souleva contre
lui, Eutrope, le favori de l'empereur, Gaïnas qui voulait une
église arienne, Théophile, l'évêque arien d'Alexandrie, l'impératrice Eudoxie et des clercs indignes.

On tint contre lui une assemblée dans un faubourg de
Chalcédoine et il y fut déposé, puis envoyé en exil, à l'insu
du peuple qui faisait la garde jour et nuit autour de l'église
pour empêcher qu'on enlevât son pasteur.

Le lendemain, un tremblement de terre furieux ébranlait
Constantinople et une grêle terrible s'abattait sur la ville.

Cet événement fut regardé comme un châtiment du Ciel.

L'impératrice elle-même en fut si effrayée qu'elle supplia l'empereur de rappeler Chrysostome.

Le peuple entier courut au-devant de lui avec des cierges allumés et chantant des hymnes d'allégresse, et on le conduisit en triomphe à l'église des Saints Apôtres.

Chrysostome continua les fonctions de son ministère pendant huit mois, plus aimé du peuple que jamais.

Cependant, on dressa une statue d'argent à Eudoxie devant la basilique de Sainte-Sophie au milieu de danses indécentes qui troublaient le service divin.

Chrysostome fulmina contre ses excès, et l'impératrice irritée l'envoya de nouveau en exil avec ordre de le faire souffrir en route tant de fatigues, qu'il y laissât la vie.

Arrivé à Comagne, il passa la nuit dans l'église du martyr Basilisque. Celui-ci lui apparut en songe et lui dit :

— Courage, mon frère Jean, demain nous serons réunis tous ensemble.

Le lendemain, on le fit partir si malade, qu'on fut obligé de le ramener dans l'église de Saint-Basilisque.[1]

Chrysostome demanda un vêtement blanc, distribua le peu qui lui restait, puis il reçut l'eucharistie et dit :

— Loué soit Dieu éternellement! *Amen!*

Il fit le signe de la croix et rendit l'esprit.

Tels étaient les hommes qui brillaient comme des phares éclatants sur l'orageuse société du quatrième siècle.

---

(1) A cette époque les bâtiments d'une église comportait de nombreux logements pour le clergé et les hôtes de passage.

LE DÉSERT ET SES SAINTS.

Anastase était monté sur la chaire pontificale. L'heure de la décadence de l'empire romain d'Occident était sonnée. Mais la religion chrétienne était prête à recevoir les barbares qui allaient franchir toutes les barrières de l'empire.

Le désert était plein de serviteurs du Christ, élite de l'humanité chrétienne, qui réalisaient au quatrième siècle l'idéale sublimité des conseils évangéliques, affamés de perfection et de sainteté. Et rien ne pouvait les en arracher.

Arcadius avait en vain appelé Arsène dans les splendeurs de sa cour, Arsène était resté au désert.

Le berger Macarius se cloîtra dans la Thébaïde pour le reste de ses jours, parce que jeune enfant encore, il avait dérobé une figue pour la manger!

Un autre, Macaire, riche négociant d'Alexandrie, quitta un jour tous ses biens pour venir frapper à la porte de Pacôme, le disciple d'Antoine, et se ranger sous sa règle austère.

Pambore se condamna au silence absolu, afin de ne pas pécher par la langue.

Le riche Isidore de Scetée quitta son palais d'Alexandrie

pour aller tresser des corbeilles au désert, afin de gagner saintement le morceau de pain, son unique nourriture. Il avait le don des larmes et l'employait à pleurer ses péchés comme Sérapion le Sindonite, ainsi nommé, parce qu'un jour on l'avait trouvé seulement vêtu d'un *sindon*, linge étroit, analogue au *sudarium*, et qu'il trempait incessamment de ses larmes.

— Qui vous a réduit en cet état ? lui dit-on.

— Ce livre, répondit-il.

C'était l'Évangile. Il avait donné, sur sa route, son manteau à un pauvre, sa tunique à un autre. Enfin, il vendit le livre lui-même pour soulager un autre malheureux.

— Que voulez-vous, dit-il à ceux qui s'étonnaient d'un tel sacrifice. J'y avais lu : « Allez, vendez tout pour les pauvres. » Je ne possédais plus que cela, je l'ai vendu.

Avant de s'ensevelir au désert de Nitrie, ce patricien avait connu l'illustration du rang et la splendeur de la fortune.

Le jour de sa vocation, il avait quitté son manteau de soie parfumé et, vêtu d'une casaque d'esclave, s'était offert à un comédien qui acheta ses services vingt pièces d'argent.

Son activité plut à ses maîtres qui l'aimaient; il en profita pour leur dérober leur cœur au profit de Jésus-Christ, les fit baptiser et leur rendant leurs vingt pièces d'argent :

— Adieu, dit-il, Dieu m'appelle et j'emporte le gain de vos âmes.

Son homonyme, Serapion d'Arsinoé, gouvernait dix mille moines dans l'Heptanomide.

Le riche Paphnuce d'Alexandrie allait célébrer les noces de sa fille Euphrosine, dans la joie, lorsque celle-ci disparut sans laisser de traces.

Longtemps Paphnuce la pleura, et inconsolable, se donna à Dieu et partit lui aussi au désert.

Souvent, il visitait un monastère voisin et se plaisait à parler du ciel avec un jeune moine, le frère Smaragdus.

Celui-ci tomba malade, et près de mourir, fit appeler Paphnuce. Alors, relevant le capuchon qui couvrait constamment son visage :

— Père, dit-il, pardonnez-moi, je m'étais enfuie pour Dieu; je suis Euphrosine, votre fille.

Paphnuce l'embrassa tendrement, reçut son dernier soupir et termina ses jours dans cette cellule bénie, qu'il ne voulut plus quitter.

Le riche Abraham venait d'épouser la jeune Marie, et, le jour même de leurs noces, il courut vivre dans la virginité au désert, après avoir jeté dans le cœur de son épouse l'esprit de renoncement et les désirs de Dieu.

Muré dans une caverne, il ne vivait que du pain que lui jetaient les passants.

Il fallut, pour l'en tirer, que l'évêque d'Edesse le fît prêtre et lui ordonnât d'aller évangéliser un village païen. Il mit trois ans à le convertir et retourna dans sa solitude. Il n'en sortit que pour convertir Marie que le péché avait séduite et dont l'inconduite était devenue célèbre à Antioche. L'ayant rendue au désert et à Dieu, il reçut, quinze ans après, son dernier soupir et mourut lui-même dans sa retraite, après avoir vécu cinq années encore. L'héroïsme, du reste, affectait toutes les formes au désert. Martinien priait dans sa cellule, quand une pécheresse déguisée en pèlerine entreprit de le séduire.

Il prit une brassée de sarments, y mit le feu, et plongea ses jambes dans l'ardent brasier.

— Que faites-vous? s'écria-t-elle.

— Je veux voir, répondit Martinien, comment je pourrais supporter les feux de l'enfer, si je méritais, en péchant, de les subir pendant une éternité!

Les brûlures furent telles qu'il ne recouvra jamais l'usage de ses jambes, mais la pécheresse épouvantée courut s'enfermer au monastère de Bethléem et devint sainte Zoé.

C'était le temps où l'illustre Jérôme, au lieu de s'occuper, comme les solitaires de la Thébaïde, à tresser des corbeilles, étudiait l'hébreu, le chaldaïque et le syriaque, et aidé des conseils des plus savants rabbins de Tibériade et de Lydda, s'efforçait d'établir sur les textes originaux une traduction de l'ancien Testament.

Méritoire travail qui lui valut l'adnimadversion des juifs qui menaçaient de lapider leur ancien corréligionnaire converti. Un plus grand chagrin l'accablait. D'ignorants chrétiens à l'esprit étroit et sectaire, le calomniaient en disant :

— Le secrétaire du pape Damase est devenu un digne membre de la Synagogue de Satan. Il préfère Barabbas à Jésus-Christ.

Mais Jérôme, au milieu des mortifications les plus austères, continuait avec sérénité son gigantesque travail. L'envie et la haine le poursuivirent jusque dans son école de Bethléem, où il expliquait à ses élèves les beautés d'Homère, de Cicéron, de Platon et de Virgile.

La jalousie épuisa ses ressources pour écraser le génie de Jérôme. Mais le grand homme, doublé d'un grand saint, savait remettre à leur place ces impuissants zoïles débordants de fiel, qui sont les vers rongeurs et la plaie de tout ce qui brille de la triple et auguste auréole de la science, de la sainteté et du génie.

Le pape Anastase, qui n'avait régné que deux ans, était mort en laissant le trône de Pierre à Innocent I, inaugurant le cinquième siècle.

QUATRIÈME PARTIE

LE VENT DU CIEL

I

L'ŒUVRE SAINTE.

L'œuvre de régénération religieuse et sociale entreprise par l'Église dans la tempête sanglante des persécutions, puissamment secondée par l'autorité victorieuse de Constantin, couronnée par la piété tenace de Théodose, a maintenant pris d'inexpugnables positions de résistance et de combat.

Aujourd'hui, l'Église est maîtresse de l'Empire, c'est sa force qui le soutient sur ses bases chancelantes, c'est elle qui s'efforce d'en retarder l'écroulement et qui en répare autant qu'elle le peut les ruines et les malheurs.

Les temps sont proches, un monde ancien s'écroule, un monde nouveau va naître, des peuples neufs vont coucher dans la tombe un peuple vieilli, dont l'agonie affolée est seule à donner encore en lui la fugitive illusion de la vie.

Sur l'océan de ces naufrages, le vaisseau chrétien restera seul et Jésus-Christ, son pilote, dans la personne de Pierre, étendra les mains sur l'évanouissement des splendeurs romaines en disant à l'Europe :

— Qui peut se comparer à Dieu! Voyez, je ne suis point passé et ils ne sont plus!

La lutte gigantesque des héros chrétiens contre les persécuteurs est close. Un autre ennemi se lève et s'approche, chacal providentiel des encombrants cadavres, qui dévore les restes des décadences pour faire la place nette à des éclosions nouvelles. Destructeurs, les barbares étaient les préparateurs de l'édification future. Déjà, Dieu les promène à travers ce monde en ruines pour le punir, le purifier et le régénérer.

Atténuer l'épouvante de leur choc, parer aux excès de leur instinctive et brutale férocité, telle est l'œuvre que l'Église doit accomplir.

Cette œuvre, elle l'a commencée au jour où les apôtres ont envoyé à tous les peuples des missionnaires de la Bonne Nouvelle, destinés à les préparer de longue main à leur rôle providentiel.

Sous les successeurs de Théodose le Grand, l'Orient s'est définitivement scindé de l'Occident, se séparant complètement devant le tribunal de la destinée et de l'histoire.

Tous deux souffrent cependant du même mal et meurent de la même agonie.

L'Orient est caduc; sa vieillesse impuissante garde à peine la force de descendre les degrés insensibles mais inexorables de sa tombe ouverte avant l'heure. L'Occident est aux prises avec les barbares, est-ce une lutte ou des épousailles? Cependant, la vie nouvelle va sortir de cette horrible étreinte.

Le poids de la couronne impériale écrase l'Orient. Il ne peut plus la supporter; il a rêvé de la faire soutenir par le bras nerveux des barbares. Mais ceux-ci ont pris pied partout aux camps et aux palais, et soufflètent d'ironie la face avilie des Césars de Byzance.

Et cependant, l'Occident aveugle, malgré tant de présages, vit en sécurité.

A côté des croix, on retrouva les clous
dont les Juifs avaient transpercé les pieds et les mains du Sauveur. (P. 54.)

Le paganisme réduit à se cacher dans l'ombre, espère encore et trame des vengeances sur ce volcan.

Ceux qui sont venus à Jésus-Christ, encore imbus des idées les plus fausses sur l'action de la Providence dans le monde et le jeu des événements, croupissent dans cette idée stupide et familière à la foule insane de toutes les époques, qu'il suffit de dire : Seigneur! pour que Dieu trouble à leur profit inepte l'équilibre même du monde en renversant la triple loi qui régit les événements. Ils ne comprenaient pas que la détermination humaine et le destin combinés sont les sources de tous les cahos et que la sagesse de la Providence ne s'est donnée qu'un rôle qui est de prendre à point nommé ce fou et cette folle par l'oreille pour les ramener, après une verte correction, dans le sentier du devoir qui s'appelle l'obéissance aux lois établies par l'Être Souverain et la plus grande gloire de Dieu.

Aussi, quand le boa constrictor et barbare aura sauté à la gorge de l'empire et broyé Rome sous ses dents affamées, les faibles accuseront Dieu, douteront de Jésus-Christ, tandis que les idolâtres crieront : « Rome a péri aux temps chrétiens! »

Mais l'horreur sera telle que le grand Jérôme, lui-même, atterré, laissera tomber sa plume en pleurant![1]

(1) S. Jérôme, *Epistola ad Marcellinum*, cxxvi.

II

— Regarde, Augustin, et dis-moi quelles tempêtes couvent ces sombres nuages? Sais-tu ce qui nous menace?

— Dieu le sait, répondit Augustin à son interlocuteur. Que penses-tu toi-même?

— Le paganisme est vaincu officiellement dans le gouvernement et dans les lois, l'est-il dans toutes les consciences et dans le fond de tous les cœurs? L'expansion chrétienne, affirmée dans tout l'empire par les plus belles institutions et l'éclat de tant d'illustres génies, exalte, sache-le, les résistances idolâtriques au lieu de les éteindre. Connais-tu le fameux oracle, qui, on ne sait comment, vient de se répandre comme un trait de foudre simultanément en Asie, en Europe et en Afrique?

» Quel est donc le trépied imposteur qui, le premier, soit à l'autel de la Victoire au sénat romain, soit dans les cavernes de Delphes ou de Dodone, l'a proféré par la bouche sacrilège d'un hiérophante, d'une sybille ou d'une vestale? »

— Que dit cet oracle?

— Écoute-les seulement, ils le clament à tous les échos,

en disant : « La superstition que Pierre[1] a fondée par les
ressources d'une détestable magie va tomber. L'enchantement sera détruit la quatre centième année du crucifié. »
Regarde-les attendre avec une fébrile impatience, cette date
fatidique qui va ouvrir le cinquième siècle et fermer les temples de Jésus-Christ.

— Oui, répondit Augustin, les idolâtres prêtent aux
démons, leurs dieux, certains oracles qui limitent la durée
de la religion chrétienne.

« Voyant, en effet, que loin d'être anéantie par tant de
persécutions, ses forces y puisent, au contraire, de merveilleux accroissements, ils ont imaginé je ne sais quels vers
grecs, proférés par un oracle en renom, lesquels imputent à
l'apôtre Pierre d'avoir usé de sortilèges pour faire adorer le
nom de Jésus-Christ.

» Selon le même oracle, l'enchantement ne doit durer que
trois cent soixante-cinq ans. Cette période une fois consom-
mée, la religion du Christ et son nom même disparaîtront
soudain.

» O sublime conception de ces hommes de progrès ! ô
doctes esprits bien dignes de croire cela de Jésus-Christ ! Si
Pierre usa de tels prestiges pour que le monde aimât le Christ,
qu'a donc fait le Christ pour être tant aimé de Pierre ?

» Les païens ne s'aperçoivent pas qu'ils se contredisent
eux-mêmes ! Ils devraient comprendre que la grâce d'en haut
qui fait aimer Jésus-Christ au monde en vue de la vie éternelle, est la même grâce qui a fait aimer Jésus-Christ par
Pierre son apôtre, jusqu'à souffrir la mort temporelle, afin
de recevoir de son maître la vie éternelle !

---

(1) Cet oracle qui courait alors, propagé par le sacerdoce des ténèbres qui usait
ses derniers efforts contre Jésus-Christ, est rapporté par S. Augustin dans le
livre XVIII de la *Cité de Dieu*. Il est remarquable de voir que, par son texte même,
il montre la suprématie de Pierre reconnue même par les païens.

» Mais, que sont donc ces dieux qui sauraient prédire et n'ont pas su empêcher?

» Ces dieux prétendus se seraient laissé vaincre par un enchanteur nommé Pierre, par un soi-disant sacrifice magique où l'on égorgerait un enfant d'un an au milieu de rites abominables, et où l'on se dispute ses débris palpitants!

» Ces dieux auraient laissé une secte magique, une association de sacrilèges et d'infanticides grandir à ce point, malgré les persécutions, malgré les bourreaux armés de toutes parts?

» Ces dieux auraient assisté, impassibles et impuissants, à la ruine de leurs statues de leur culte, de leurs temples et de leurs autels!

» Et ce serait la magie d'un Galiléen, nommé Pierre, qui aurait fait tout cela!

» Mais voyons donc si, plutôt, elle ne serait pas déjà écoulée, cette année fatidique, annoncée et attendue par une absurde crédulité.

» Après que trois cent soixante-cinq ans se seront écoulés depuis l'avènement du nom de Jésus-Christ, dit l'oracle païen, l'Église chrétienne aura cessé de vivre.

» Examinons cette prophétie au point de vue chronologique. Faut-il partir de la date de la naissance de Jésus-Christ? Ce n'est pas vraisemblable. Ni à son berceau, ni pendant son enfance, ni pendant sa première jeunesse, il n'avait encore de disciples. Il ne commença à en réunir quelques-uns qu'après son baptême dans les eaux du Jourdain par Jean le Précurseur. Même à cette époque, sa notoriété ne dépassa pas les limites de la Judée.

» Il vaut mieux, pour saisir la date de l'oracle païen, ouvrir l'ère chrétienne à la résurrection de Jésus-Christ et à la descente du Saint-Esprit sur les Apôtres.

» Or, Jésus-Christ mourut sous le Consulat des deux Geminus (en l'an 29), le VIII des calendes d'Avril. Il ressus-

cita le troisième jour sous les yeux même de ses Apôtres.
Quarante jours plus tard, il monta au ciel. Dix jours après,
c'est-à-dire le cinquantième jour après sa résurrection, il
envoya le Saint-Esprit au Cénacle. Ce fut alors que trois mille
hommes crurent en lui sur la prédication des Apôtres.

» Or, en partant de cette date et en comptant les consu-
lats successifs depuis celui des deux Geminus pour arriver
au chiffre de 365 ans, on atteint le consulat d'Honorius et
d'Eutychianus (an 398 de notre ère).

» Depuis longtemps ce consulat est passé et la religion
du Christ subsiste encore.

» Bien plus. Au consulat d'Honorius et d'Eutychianus a
succédé immédiatement celui de Manlius Theodorus (399).
Eh bien! qu'est-il arrivé pendant cette année fatidique?

» C'est que, loin de se relever de leur ruine, les autels
des faux dieux ont été renversés par de nouveaux édits des
empereurs.

» Qui ne sait combien le nom de Jésus-Christ a fait
récemment de conquêtes surtout parmi ceux que leur créance
en cette vaine prédiction détournait de la foi et que l'accomplissement déjà avéré de l'année fatidique a désabusés de
cette ridicule chimère.

» Pour nous, qui sommes chrétiens de nom et de fait,
nous croyons, non pas à Pierre, mais en Celui à qui Pierre
a cru. Le témoignage de l'apôtre Pierre est une parole qui
nous édifie et non un charme qui nous égare. Pierre n'est
pas un artisan de maléfices qui nous trompe, c'est un bien-
faiteur qui nous assiste. Pierre a eu un maître dans la doctrine qui conduit à la vie éternelle.

» Ce maître est aussi le nôtre, et c'est Jésus-Christ![1] »

— C'est vrai! répondit l'interlocuteur d'Augustin, les
insensés! comment peuvent-ils s'égarer à ce point!

[1] S. Augustin. *Cité de Dieu*, l. XVIII, ch, LIII, LIV.

Cependant, le grand évêque d'Hippone connaissait bien la haine des païens dont les aspirations se traduisaient par des massacres çà et là.

Ce fut ainsi qu'à Tridentum,[1] le diacre Sisinnius et les deux frères Alexander et Martyrius, le premier, *lecteur*, le second, *ostiaire*,[2] furent tués par les idolâtres, et que l'évêque Vigilius était lapidé.

De pareils crimes se perpétraient sur plusieurs points de l'empire en Orient comme en Occident.

Le siège épiscopal de Gaza était vacant et Porphyrius avait été appelé pour l'occuper.

Il partit de Césarée avec Marcus, son disciple, pour se rendre dans sa ville épiscopale, et dut traverser les bourgades de la Phénicie qui étaient peuplées de païens fanatiques, entièrement attachés au culte des idoles.

D'un commun accord, ils avaient pratiqué sur le chemin que devait suivre l'évêque, des fossés très profonds; en d'autres endroits, ils avaient barré le passage avec des haies épineuses. Toute la route avait été, par leurs soins, jonchée d'immondices. De plus, de loin en loin, ils allumaient des feux d'herbes et de racines, de manière à répandre un nuage épais d'âcre fumée dans toute la plaine.

Ils espéraient ainsi les faire tomber dans quelqu'embûche. Ce ne fut qu'avec beaucoup de peine qu'ils purent gagner la ville où ils arrivèrent à une heure avancée de la nuit, après avoir échappé providentiellement à tous les pièges qui leur étaient tendus de toutes parts.

—Hélas! disait Marcus à son compagnon, pendant cette route difficile, nous n'arriverons jamais au but de notre voyage.

— Ne crains rien, répondait l'évêque, le démon voudrait

(1) Trente.

(2) Ordres mineurs de la cléricature.

bien empêcher un juste d'entrer dans cette cité, mais il ne saurait y réussir.

Harassés de fatigue, ils se rendirent à la demeure épiscopale, humble maison bâtie près de l'église de Gaza, par Irénion, prédécesseur de Porphyre.

Toutefois, les deux voyageurs eussent été peut-être plus effrayés s'ils eussent su que, non seulement les bourgs, mais encore les villes et même la cité de Gaza, étaient peuplés de païens prêts à tout pour faire triompher la cause ténébreuse de leurs idoles.

Idolâtre endurcie, Gaza continuait contre le Christ la lutte qu'elle n'avait jamais désertée depuis que les Philistins avaient combattu contre Josué et le Dieu des Juifs.

Les lois Theodosiennes elles-mêmes n'avaient pu triompher dans ce pays, et les temples étaient restés debout, dédiés à tous les dieux de Rome et de l'Égypte concurremment avec un Dieu local terrible, le tout-puissant Marnas qui n'était qu'un avatar de Jupiter.

Or, cette année-là, il survint une extraordinaire sécheresse et, pendant de longs mois, pas une goutte de pluie ne tomba des nues.

— Voilà, s'écriaient les païens, la réalisation de l'oracle de Marnas. Il nous avait bien prédit que si Porphyre venait parmi nous, ce serait un fléau pour le pays!

La sécheresse persistait, Novembre et Décembre s'écoulèrent dans la désolation universelle.

Pendant ce temps-là, les païens, assemblés dans le temple de Marnas, offraient des prières et des sacrifices sans fin à leur dieu pour qu'il fît tomber la pluie.

Enfin, ils se rendirent tous hors de la ville sur une colline où ils renouvelèrent solennellement leurs supplications et leurs vœux.

Mais rien ne fléchissait la colère de Marnas et ils rentrèrent à Gaza sans qu'une goutte de pluie fut tombée.

Cependant, les chrétiens de la ville, hommes, femmes et enfants au nombre de deux cent quatre-vingt, supplièrent Porphyre de faire une procession dans la campagne pour demander la pluie.

Le fléau n'était plus supportable et avait engendré la famine.

Les païens attribuaient toujours cette nouvelle désolation à la présence de l'évêque.

Porphyre comprit la nécessité de les détromper, et il consentit à se rendre aux instances de ses fidèles.

— Mes frères, leur dit-il, jeûnez tous aujourd'hui et venez demain soir à l'église.

Toute la nuit se passa pour eux en prières. On y récita trente litanies spéciales, on fit trente prosternements et on chanta les psalmodies ordinaires de l'office.

Au point du jour, un clerc porta la croix et sortit de l'église. Tous le suivirent en chantant les hymnes sacrées.

La procession se rendit à une vieille église bâtie à l'ouest de la ville par le confesseur Asclepas qui était évêque de Gaza sous le règne de Constance, et avait été proscrit par ce César en même temps qu'Athanase et Paul de Constantinople.

Là, on réitéra toutes les prières, puis on se rendit à l'oratoire des saints Martyrs Thimothée, Muris et Théa, devant les vénérables reliques desquels tous se prosternèrent.

Alors, on revint du côté de la ville.

Mais les païens avaient imaginé d'en fermer les portes, quoi qu'on ne fut qu'à la neuvième heure.[1] Ils voulaient ainsi décourager les fidèles et bannir en même temps troupeaux et pasteur de la ville.

Pendant deux heures, tous demeurèrent agenouillés devant la porte fermée sans que personne vint l'ouvrir.

Cependant, le Seigneur touché de l'humiliation, de la

____

(1) Trois heures après-midi.

patience et des larmes de son peuple, renouvela les prodiges du temps d'Élie.

Il s'éleva du midi un vent violent. Le ciel se couvrit de nuages épais et la foudre gronda au milieu des éclairs.

Enfin, une pluie dont les larges gouttes faisaient un bruit de grêle, se mit à tomber.

Elle dura longtemps, mais, dans leur joie, les chrétiens ne la sentaient pas et s'embrassaient avec allégresse.

A la vue du miracle que Dieu daignait faire pour ses serviteurs, quelques païens ouvrirent les portes de la ville et, prenant place dans leurs rangs, crièrent avec eux :

— Gloire au Christ! Il a vaincu, il est le vrai Dieu!

Ce fut ainsi que les chrétiens purent rentrer dans l'église. Les païens y étaient entrés avec eux au nombre de cent vingt-sept hommes, trente-cinq femmes et quatorze enfants. Porphyre les congédia en paix.

Les chrétiens chantèrent un cantique d'actions de grâces, et retournèrent dans leurs demeures, joyeux.

Toute la nuit et tout le jour suivant, la pluie tomba en telle abondance qu'elle menaça la solidité des maisons.[1]

Mais la ville ingrate devait témoigner à sa manière sa reconnaissance à son saint évêque.

Le lendemain de cette pluie devait se célébrer la fête des Théophanies.[2] On la passa dans une sainte allégresse.

Dans le courant de l'année, outre les soixante-dix idolâtres qui viennent d'être mentionnés, cent dix autres s'adjoignirent au troupeau de Jésus-Christ.

Quant au reste des païens, il continua à poursuivre de sa haine, les chrétiens, avec le plus grand acharnement.

Un gouverneur idolâtre venait d'arriver. Ils obtinrent de lui qu'il accablât de vexations les serviteurs du Christ.

(1) Marcus Diac. *Vita Porphyrii.*
(2) L'Épiphanie.

Porphyre était accablé de douleur et priait nuit et jour le Seigneur d'éclairer ces aveugles et de les convertir.

Barochas de Jérusalem, qui se trouvait à Gaza, souffrit une persécution cruelle.

S'étant rendu pour réclamer au fermier d'un pagus voisin le loyer d'une terre appartenant à l'église, celui-ci, au lieu de le payer, ameuta contre lui les paysans qui le frappèrent de leurs hoyaux jusqu'à ce qu'il tombât sans connaissance. Ils le crurent mort et le jetèrent hors du pagus dans un champ, où, le lendemain matin, il fut trouvé respirant encore, par le diacre Cornelius qui passait accompagné de deux chrétiens.

Ils le chargèrent sur leurs épaules et le ramenèrent à Gaza, où ils furent insultés par les païens qui s'écrièrent :

— Misérables! que faites-vous! vous profanez notre cité, en y introduisant un cadavre!

Et se saisissant du diacre et de ses deux compagnons, ils les flagellèrent. Puis, attachant une corde au pied de Barochas, ils le traînèrent par les rues pour aller le jeter hors des murs de la ville. Porphyre informé, s'écria :

— Allons! l'heure du martyre a sonné pour nous!

Et il se rendit sur la place de la ville avec son clergé.

A sa vue, les cris et les outrages l'accablèrent. Mais, sans peur et sans faiblesse, il allait de l'un à l'autre, plaidant la sainte cause du respect de l'humanité.

Quelques païens touchés, s'écrièrent :

— Porphyre a raison!

Et ils prirent le parti de l'évêque. Exaspérés, les autres se jetèrent sur eux et une lutte s'engagea pendant laquelle les chrétiens emportèrent à l'église Barochas, qui vivait encore.

Toute la nuit on pria et on lui prodigua mille soins fraternels. Le pontife suppliait le Seigneur de lui conserver un aussi utile auxiliaire.

Il fut exaucé, Barochas ouvrit les yeux et demanda à boire. Bientôt, il reprit toute sa connaissance et put faire le récit de tout ce qui lui était arrivé. Le jour était venu.

Soudain, un grand tumulte se fit aux portes de l'église. C'était une foule de peuple accompagnant le gouverneur, les Irenarques et deux patriciens, Timothée et Epiphane.

Ils entrèrent et le gouverneur dit à Porphyre :

— Pourquoi avez-vous, au mépris de nos lois, introduit un cadavre dans la ville de Gaza?

Porphyre allait répondre, la foule ne lui en laissa pas le temps et se précipita sur l'évêque, en l'accablant d'outrages.

Les diacres Cornelius et Marcus voulurent fuir, mais on ne leur en laissa pas le temps, et ils furent flagellés.

Ils prenaient vainement le peuple à témoin, en disant :

— Vous connaissez bien Barochas, voyez, c'est bien lui, il n'était que blessé, il vit et n'est pas mort!

— Ne récriminez pas ainsi, leur dit le saint évêque, je ne suis pas mieux traité que vous. Louons Jésus-Christ. Et vous qui nous maltraitez ainsi, je vous conjure de songer à ce que vous faites, ne cédez pas à votre cruauté.

Mais ces impies n'en étaient que plus furieux. Un instant encore et Porphyre allait être égorgé.

Tout à coup, Barochas, par un effort d'énergie surhumaine, se redressa sur son séant et se leva.

A sa vue, la foule qui le croyait mort fut stupéfaite. Barochas avait saisi un bâton et l'agitait violemment à droite et à gauche d'un air menaçant, poursuivant hors de l'église et jusqu'à l'entrée du temple de Jupiter, les païens épouvantés.

Nouveau David, vainqueur du Goliath populaire, il revint ensuite parmi ses frères qu'il avait sauvés à son tour.[1]

Telle était encore, au début du cinquième siècle, la lutte entre le serpent, prince des ténèbres, et Jésus-Christ, splendeur de la justice.

---

(1) Marc Diac. *Vita Porphyrii.* — Darras. *Hist. de l'Eglise.*

III

LA DOULEUR DES HOMMES ET LA GLOIRE DES SAINTS.

Partout la réaction païenne éclatait, prenant pied et combattant la foi par le sang et la volupté.

Chrysostome tonnait en vain contre les spectacles licencieux qui offensaient la morale publique et forçaient les derniers retranchements de la pudeur.

— Retenez-le bien et m'entende qui voudra! s'écriait le saint évêque, si j'apprends qu'un chrétien assiste à ces infâmes spectacles, je lui interdirai l'entrée du lieu saint! [1]

Les deux empereurs Honorius et Arcadius comprenaient le danger, malgré leur insouciance et leur incapacité, et ils ne voulurent pas souffrir plus longtemps un tel état de choses.

L'Astarté impure des Syriens voyait, sous le nom de *Dea Cœlestis*, relever ses autels en Afrique, et partout se manifestait le même crime.

Sous la menace des peines les plus sévères, ils proscrivirent par des édits rigoureux la célébration de ces odieuses

---

(1) S. Chrysostome, *Homilia VII in Epist. ad Coloss.*, ch. v. Ceux qui liront le texte entier de S. Jean Chrysostome verront que les spectacles qu'il condamnait avec tant de raison sont les mêmes que, de nos jours, on réédite sur certaines scènes.

solennités. Le décret de Théodose, prescrivant la destruction des temples des idoles, fut renouvelé.

C'était en ce temps même où les menteurs oracles annonçaient la ruine du christianisme!

Stilicon alla plus loin. Il inaugura son consulat à Rome en faisant brûler, perte irréparable pour l'archéologie, mais nécessaire pour la foi, les fameux livres sybillins.

Les Pères les plus célèbres, Justin, Tertullien, Clément d'Alexandrie, Origène et tant d'autres, en avaient cité des passages importants dans leurs œuvres à l'appui des vérités chrétiennes.

Hélas! les schismes désolaient encore l'Église, rompant cette unité plus nécessaire que jamais au triomphe de la foi.

Constantinople, surtout, en montrait le lamentable spectacle, à la grande douleur du grand Chrysostome.

D'autres désastres ravageaient l'empire. La fin du quatrième et le commencement du cinquième siècle étaient marqués par des tremblements de terre terribles. L'horrible désastre de Nicomédie épouvante encore l'histoire.

« Un jour, au lever du soleil,[1] on vit tout à coup le ciel se couvrir d'une vapeur épaisse et fétide. Toute clarté disparut et l'on ne pouvait plus se conduire dans les rues.

» Comme si le Dieu suprême se fut appliqué à lancer la foudre de sa propre main et à déchaîner, à la fois, tous les vents, une effroyable tempête fit mugir les montagnes et retentir les rivages de la mer sous les coups furieux des vagues.

» Des trombes, des typhons, accompagnaient les secousses du sol, arrachant de leurs fondements les plus solides édifices. Les maisons de Nicomédie étagées en amphithéâtre sur les flancs d'un coteau croulaient les unes sur les autres avec un horrible fracas.

» L'écho redisait les cris déchirants des époux appelant

____

[1] Dit Ammien Marcellin, l. XVII, ch. VII.

leurs épouses, des mères leurs enfants, des enfants leur père.

» Vers la deuxième heure du jour,[1] le ciel reprit sa sérénité ordinaire et l'œil put mesurer l'étendue du désastre.

» Les uns avaient été écrasés sous les décombres, d'autres étaient ensevelis jusqu'aux épaules sous les débris amoncelés. Des cadavres étaient suspendus en l'air, transpercés par des solives. Des familles entières étaient emprisonnées sous des charpentes écroulées.

» Avant qu'on eut pu organiser les secours, l'incendie s'alluma. Pendant quarante jours et quarante nuits la flamme impitoyable dévora tout ce qui avait été Nicomédie. »

Tel avait été le désastre de cette ville impériale, sous le règne de Constance, et l'Orient tout entier, à son seul souvenir, frémissait de terreur.

Byzance elle-même fut, pendant les premières années d'Arcadius, menacée d'un sort semblable, et l'évêque en avait été prévenu par un avertissement du Ciel.

A l'heure indiquée, la catastrophe se produisit mais moins terrible. Tous les habitants en fuite, ayant l'empereur à leur tête, se réfugièrent dans la campagne et adressèrent à Dieu les plus pressantes prières. Cette fois, la capitale de l'Orient sortit du cataclysme saine et sauve.

Mais en l'an 400 elle fut moins heureuse. Un tremblement de terre et des éruptions volcaniques détruisirent un tiers de la ville. Le faubourg de Chalcédoine fut inondé par les flots bondissants de la mer, submergeant les quartiers bas, tandis que l'incendie dévorait les quartiers hauts. La population avait fui, laissant des misérables écumeurs d'épaves se livrer au pillage.

Seul, Chrysostome était resté à son poste. Il parut devant ces pirates avec le prestige de sa vertu et sa voix éloquente fit tomber de leurs mains le produit de leurs vols.

(1) Huit heures du matin.

L'illustre évêque s'en fit le gardien et les rendit au peuple lorsqu'il rentra dans la ville.

Quelque temps après, il se prépara à rendre solennellement hommage à plusieurs martyrs par la translation de leurs reliques, au milieu d'une magnificence incroyable.

Chrysostome avait réclamé pour l'Asie les ossements des saints Sisinnus, Alexandre et Martyrius, ces trois Cappadocéens égorgés à Tridentum par les idolâtres.

Vigilius, l'évêque de cette cité, avait écrit à Chrysostome qu'il partagerait avec lui volontiers ce trésor.

Aussitôt arrivées, on déposa les reliques dans un oratoire de Saint-Thomas situé dans le bourg de Drypia, en Propontide, à neuf mille de Byzance.

La nuit suivante, une procession aux flambeaux sortit de la ville de Constantin, au milieu du chant des saintes hymnes.

Chrysostome, en habits pontificaux, s'avançait, ayant à sa gauche l'impératrice Eudoxia sans escorte, sans couronne, et suivie de tout le peuple.

Le jour se levait quand on arriva sur le rivage. Alors, Chrysostome, montant sur les degrés de la pauvre chapelle, s'écria de sa bouche d'or :

— Que dirai-je? par où commencer mon discours? Ce qui se passe ici est plus grand que la parole humaine! Je tressaille; il me semble que j'ai des ailes, quelque chose me soulève au-dessus de la terre et m'emporte vers les cieux. Célébrerai-je l'héroïsme des martyrs? l'ardeur de votre charité? le zèle de l'auguste impératrice? l'empressement des magistrats de Constantinople? la défaite des démons? le triomphe de Jésus-Christ? la puissance de l'Église? la vertu de la Croix? les miracles du Crucifié, la gloire du Père, la grâce de l'Esprit-Saint? la joie de ce peuple? ces chœurs de vierges, de prêtres, de solitaires? cet immense concours d'hommes de tout rang, libres, esclaves, princes et sujets, riches et pauvres, citoyens et étrangers? Qui racontera vos merveilles, Seigneur? qui donc pourra suffire à vos louanges?

» Telle est donc la vertu qui s'exhale des ossements des saints! Ils sanctifient tous ceux qui les approchent.

» Voilà pourquoi l'impératrice, amie des chrétiens, nous donne en ce moment cet illustre exemple de vénération pour les reliques sacrées.

» Heureuse nuit dont le Psalmiste pourrait dire : *Et nox illuminatio mea in deliciis meis!* Quel jour fut, en effet, plus radieux! Quelle splendeur égala jamais cette illumination de Constantinople, alors que, parmi les transports d'allégresse, cette affluence pieuse inondant l'*agora*, se déroulait comme une chaîne d'or au milieu des rues de la cité! Nos yeux se portaient tour à tour de la terre au ciel et du ciel à la terre. En haut, l'astre des nuits épanchait sa pure lumière, les étoiles scintillaient autour de leur reine. Ici, la multitude des fidèles de Jésus-Christ faisait cortège à l'impératrice, reine plus brillante que celle des nuits. Qu'est-ce, en effet, que ce globe de la lune en comparaison d'une si haute majesté, d'une foi si pure! Que faut-il admirer le plus, la flamme de sa ferveur, sa foi inébranlable ou son humilité profonde par laquelle elle se montre supérieure à la grandeur même?

» Permettez-moi, illustre Eudoxia, de vous proclamer bienheureuse, parce que vous exercez l'hospitalité envers les saints, parce que vous protégez les Églises, parce que vous imitez le zèle des Apôtres, parce que vous mettez votre royauté terrestre au service de la royauté éternelle, les générations futures ratifieront cet hommage![1] »

La fête fut complète. Arcadius vint lui-même entouré d'un brillant cortège militaire, vénérer les ossements des martyrs.

----

(1) S. Jean Chrysostome cité par Darras, *Hist. de l'Église.*

IV

ALARIC ET GAÏNAS. — LE SACRIFICE DU JUSTE.

Personne n'eut le loisir de s'endormir aux harmonieuses mélodies de ces solennités chrétiennes.

Tout à coup, une sinistre nouvelle se répandit dans l'Empire. Alaric, à la tête d'une véritable et monstrueuse invasion de Goths, s'avançait à la conquête de l'Italie et déjà assiégeait les murs d'Aquilée.

L'Occident était dans une terreur sans nom. Honorius, épouvanté, avait abandonné Mediolanum qui n'offrait aucune garantie de résistance, pour transporter le siège de l'empire à Ravenne.

C'était la faim qui avait chassé Alaric du Péloponèse et de la Grèce où il s'était quelque temps cantonné, et à la suite de sa fortune, se précipita une nuée de nomades, également affamés, qui s'abattaient comme des sauterelles sur un sol que l'on épuisait progressivement de ses richesses.

L'astucieux Alaric avait envoyé des ambassadeurs à Honorius pour lui dire :

— Si vous ne voulez pas me fixer des cantonnements en Italie, donnez-moi le commandement des Gaules ; mon peuple y vivra fort à l'aise et je défendrai vos frontières contre les Germains et les Francs.

Loin de rassurer l'Italie, ces propositions y doublèrent l'épouvante. Toutes les villes se fortifièrent avec activité et se transformèrent en citadelles.

On convoqua sous les armes tous les hommes valides et l'on déclara que, dans cette circonstance, les autels même des basiliques ne seraient pas un asile pour les réfractaires, s'y fissent-ils attacher par des cordes.

Mais le patriotisme ne vibrait plus dans le cœur épuisé de Rome décadente et l'on vit s'enfuir, avec armes et bagages, tous les sénateurs, les patriciens et les gens opulents. Il n'y avait plus assez de routes ni de navires pour cet exode de lâches.

Honorius, lui-même, voulait fuir et l'énergie de Stilicon le maintint à Ravenne sous promesse de le laisser prendre la mer si le danger devenait pressant.

Pendant ce temps-là, Alaric, franchissant les Alpes Juliennes, avait dévalé comme un torrent dans les riches campagnes de l'Italie transpadane, et chacun de ses pas était une conquête.

Un instant, Stilicon le tint en échec grâce à la valeur des mercenaires de l'empire, et il se laissa chanter comme Cincinnatus, Scipion, Marius et César.

Alaric en Occident, Gaïnas le Goth en Orient, tentaient le même essai, l'un en ennemi déclaré, l'autre en ami farouche et comme généralissime des armées d'Arcadius. Tous deux voulaient se tailler un empire dans la pourpre romaine.

Chrysostome fut envoyé à Gaïnas pour le toucher et, un instant, on put croire que la bouche d'or avait amolli ce cœur de bronze. C'était une illusion. Du reste, Gaïnas était Arien. Il exigea qu'une basilique fut affectée à son hétérodoxe culte à Constantinople.

Arcadius voulait y condescendre.

— Jamais! cria Chrysostome, je parlerai à Gaïnas.

Et quand le Goth vint avec son clergé hérétique pour s'approprier une basilique, Chrysostome lui dit avec courage qu'un prince, si puissant qu'il put être, n'avait pas le droit de violer les lois divines et humaines en profanant les choses saintes.

— Il me faut une église et non de vaines leçons! cria le Goth avec colère.

Arcadius tremblait.

— Nos temples sont ouverts à tous, dit Chrysostome, venez y prier.

— Je ne suis pas de votre communion; il me faut une église pour ma communion; quand, dans vingt batailles, j'ai exposé ma vie pour le salut de l'empire, j'ai acquis le droit de formuler une aussi modeste requête.

A ces mots, Chrysostome fixa un regard méprisant sur ce barbare aux pieds duquel tremblait l'Orient affolé.

— Vous parlez de vos services, lui dit-il sévèrement, et vous en avez reçu vingt fois le prix! Vous êtes aujourd'hui consul et généralissime des armées de l'Empire; qu'étiez-vous, il y a dix ans? Comparez, si vous en avez le courage, le présent au passé, l'indigence natale à la splendeur actuelle, la peau de mouton qui couvrait vos épaules sur les bords de l'Ister à la pourpre qui vous revêt en ce moment! Mettez en balance le peu que vous avez donné à l'Empire et tout ce que vous devez à l'Empire. Sachez, au moins, honorer de votre reconnaissance les honneurs qu'on vous a prodigués! Un jour, proscrit de votre patrie, vous vîntes aux pieds de Théodose le Grand implorer sa clémence. Il vous tendit la main et vous sauva. Et vous jurâtes une amitié éternelle à l'empereur, à ses fils, au peuple romain tout entier. Or, savez-vous la loi fondamentale portée par Théodose, le père de l'auguste Arcadius, Théodose à qui vous devez la vie et à qui vous avez promis fidélité? Non! Je vais donc vous lire l'édit théodorien qui prohiba l'exercice public de l'arianisme dans toutes les villes de l'Empire.

L'évêque intrépide fit sa lecture devant le barbare étonné et, se tournant vers Arcadius :

— Prince, lui dit-il, vous avez le dépôt des lois, Dieu vous a constitué pour veiller à leur exécution ; il vaudrait mieux descendre du trône que trahir la vérité, la religion et la justice ![1]

Gaïnas avait écouté mais passé outre.

Mais la fibre patriotique n'était pas encore morte au cœur de Byzance. Elle se réveilla dans le désespoir.

Le sang des Goths inonda la capitale de l'empire d'Orient et, peu de temps après, Arcadius recevait la tête de Gaïnas.

L'Orient tout entier connut les transports de la plus folle allégresse.

L'ingratitude la plus noire ménageait des larmes cruelles au grand Chrysostome et à tous ceux qui admiraient sa grandeur, sa sainteté et son génie.

Une faction indigne, semblable à celle qui, jadis, avait prétendu excommunier l'illustre Jérôme, allait calomnier la Bouche d'or et déposer le plus grand évêque de l'Orient.

Jean sortit en secret de la basilique de Sainte-Sophie, par la porte de l'Orient, tandis que, pour tromper la foule, son cheval l'attendait à la porte occidentale.

Il avait fait à ses frères et à ses sœurs les plus touchants adieux et, victime des plus basses et des plus calomnieuses intrigues, l'ange même de Byzance prit avec lui la route épineuse et triste de l'exil.

Devant cette explosion d'une haine triomphante, une immense sympathie avait rempli le cœur de l'évêque de Rome et Pierre, pontife suprême et consolateur auguste

---

(1) Théodoret, *Hist. ecclés.*, l. v, ch. XXII.

dans la personne d'Innocent I, envoya l'expression de sa douleur à l'Église de Byzance et à Chrysostome.

Il écrivit à l'archevêque exilé :

« A notre frère bien-aimé Jean, Innocent, évêque de Rome.

» Bien que la vertu ne doive attendre que de Dieu sa couronne et sa récompense, laissez-moi, cependant, vous adresser ce témoignage de toute notre sympathie. Je charge le diacre Cyrinus de vous le transmettre. Il importe que l'injustice ne se croie pas le pouvoir d'exercer sa tyrannie sans que le langage de la vérité se fasse entendre.

» Je ne veux pas vous adresser d'exhortations. Vous savez mieux que personne, vous, le docteur illustre et légitime pasteur de tant de peuples, que l'épreuve et la persécution atteignent de préférence les hommes les plus vertueux. Le Seigneur le permet ainsi pour faire éclater leur courage invincible et apprendre au monde que la conscience d'un juste est au-dessus de toutes les adversités.

» Celui qui combat pour Dieu et pour la justice supporte toutes les afflictions. On peut l'accabler, on ne saurait le vaincre. Son esprit et son cœur, nourris de la méditation des Écritures, planent au-dessus de toutes les attaques et de toutes les trahisons.

» L'Écriture, en effet, lui présente le spectacle des Saints toujours persécutés et triomphants, achetant au prix des épreuves du temps la couronne de l'éternité.

» Frère bien-aimé, puissent ces considérations apporter quelque adoucissement aux amertumes de votre exil !

La conscience du bien accompli sous les yeux de Jésus-Christ notre divin Maître, telle est la force indomptable sur laquelle repose la vertu persécutée.[1] »

(1) Sozomène, *Hist. ecclés.*, l. VIII, ch. XXVI.

Mais, pendant que, par cette lettre et par celle non moins explicite adressée par Innocent aux fidèles de Byzance, le Saint-Siège élevait la voix en faveur de l'innocence opprimée, les persécuteurs continuaient leur œuvre de haine. Ils avaient juré de la poursuivre jusqu'au bout.

Chrysostome, comme son divin modèle, devait connaître toutes les stations du chemin de la Croix. Tant de vertu et de génie devait aboutir au *Consummatum est!*[1]

Nous avons vu comment, d'exil en exil, ce grand homme que les siècles n'ont pas doublé, descendit dans sa tombe qui fut celle d'un martyr.

Comme Abel, Chrysostome était frappé par Caïn et le monde voyait s'accomplir une fois de plus le perpétuel sacrifice du juste.

(1) Darras.

V

Le ciel avait châtié d'une terrible manière les persécuteurs du grand évêque de Byzance. Dans l'éloquent silence de cet héroïque tombeau, la voix des faits et celle du pape s'élevaient impérieuses pour demander justice en faveur de Chrysostome endormi et de sa mémoire toujours éclatante.

Le dernier de ses persécuteurs venait d'expirer en proclamant la sainteté de sa victime et en implorant son pardon.

Le Consul Stilicon rêvait de fonder une dynastie impériale dont il serait la souche. Ce chrétien avait à sa solde un panégyriste païen; deux fois beau-père d'Honorius, il convoitait sa couronne. Honorius était, en Occident, le jouet des barbares, et Stilicon allait faire avec Alaric un traité d'alliance contre l'empire.

Il devait se faire dévorer à ce jeu contre des fauves. Néanmoins, il voulut enlever de vive force l'Illyrie orientale à l'empire de Byzance avec Alaric comme Généralissime. Le rusé et défiant barbare, de crainte d'être trahi, avait demandé des otages à Stilicon.

Mais, franchissant les Alpes, chaque jour, des nuées de barbares s'abattaient plus pressées sur l'Italie. Ils étaient

déjà quatre cent mille affamés, et ce n'était là qu'une branche de la double émigration que chassaient les approches
des Huns vers le Danube.

L'augmentation incessante de ces envahisseurs qui sem-
blaient se multiplier à mesure qu'on s'efforçait de les détruire,
jetait la consternation dans le monde romain et révélait
l'effroyable fécondité de ce monde barbare qui avait si longtemps fourni des esclaves à Rome et qui, maintenant, allait
lui donner des maîtres.

Le Sénat, à cette vue, affolé, rétablit officiellement le
rituel des sacrifices idolâtriques et le nom du Christ était
maudit par ces insensés comme celui d'une peste publique.
Mais la Providence laissait deviner ses redoutables juge-
ments à travers ces manifestations désespérées.[1]

Deux instruments de ses vengeances étaient en présence,
Radagaise et Alaric; elle choisit ce dernier, cruel et aimant
le sang, il était toutefois chrétien, au moins de nom, et il
savait commander à ses instincts féroces. Radagaise fut tué
dans un combat terrible près de Florence. Les captifs étaient
tellement nombreux que leurs bandes ressemblaient à d'immenses troupeaux de moutons; on les dirigeait par toutes les
routes de l'Italie sur les points les plus éloignés du territoire.
On ne les vendait plus, on les donnait pour une pièce d'or.[2]

Stilicon, après cette victoire, eut peut-être pu sauver
l'empire. Il appela en Orient toutes les garnisons du Rhin.
Au printemps de l'an 406, le flot barbare inonda alors sans
obstacle les plus fertiles vallées du Rhin.

« Des nations sauvages en nombre infini, s'écrie Jérôme,
occupent le sol des Gaules, des Alpes et des Pyrénées jusqu'au Rhin et à l'Océan, tout est ravagé. Le Quade, le
Vandale, le Sarmate, Alains, Gepides, Herules, Saxons,

---

(1) Darras, *Hist. de l'Église.*
(2) Orose, VII, 37.

La peur glaça le cœur de Julianus qui, se rappelant la foi qu'il avait quittée,
traça sur lui le signe victorieux de la croix. (P. 67.)

Burgondes, Alemani, toute la barbarie s'est donnée rendez-vous à ces funérailles de la plus belle de nos provinces.

» O République romaine, désormais anéantie, Assur est venu avec ses bataillons sans nombre.

» Moguntiacum,[1] la noble et antique cité n'est plus qu'un monceau de ruines ! Des milliers d'hommes ont été massacrés dans l'enceinte de sa basilique. La ville des Vangiones[2] a succombé après les horreurs d'un long siège. La puissante capitale des Remi,[3] celle des Ambiani,[4] des Atrebates,[5] ont eu le même sort. On a vu les Morini,[6] ces gardes avancés de l'Océan, Tornacum,[7] Nemetum,[8] Argentoratum,[9] démembrés de l'empire et esclaves des Germains.

» Dans les deux Aquitaines,[10] la Novempopulanie,[11] la Lyonnaise, la Narbonnaise, tout a été ravagé. A peine reste-t-il encore quelques cités, menacées au dehors par le fer, décimées au dedans par la faim.

» Je ne puis retenir mes larmes à la pensée de Tolosa.[12] Jusqu'à ce jour, les mérites de son saint évêque, Exuperius, lui ont valu le privilège de n'être pas comprise dans la ruine commune.

» Et voilà que les Espagnes elles-mêmes, sur le point de périr, poussent des cris de détresse à la vue d'une nouvelle irruption cimbrique. Mais je m'arrête et ne veux pas tout dire, afin de ne pas paraître désespérer de la miséricorde divine.[13] »

Et les barbares arrosaient cette noble terre des Gaules du sang de nombreux martyrs.

---

(1) Mayence.   (2) Warms.   (3) Reims.   (4) Amiens.   (5) Arras.
(6) Terouanne.   (7) Tournay.   (8) Spire.   (9) Strasbourg.

(10) L'Aquitania prima, capitale Avaricum (Bourges). L'Aquitania secunda, capitale Burdigala (Bordeaux).

(11) Le chef-lieu de la Novem populanie était Lugdunum Convenarum. (S. Bertrand de Cominges.)   (12) Toulouse.

(13) S. Jérôme, Ep. cxxiii, *ad Ageruchiam.* — Darras, *Hist. de l'Église.*

A Moguntiacum, Aureus fut égorgé au pied de l'autel avec tout son peuple. La diaconesse Justina, sa sœur, eut le même sort. Diogène, évêque de Cameracum,[1] périt de même.

L'évêque Nicasius, à Remigii, le fondateur de la célèbre basilique, qui devait voir le baptême de Clovis, avait depuis longtemps prédit ces malheurs. Il exhortait ses diocésains à se défendre et se mettait à leur tête. Les barbares le saisirent, le torturèrent et lui tranchèrent la tête ainsi qu'à son diacre Florens et son lecteur Jucundus, puis sa sœur Eutropia.

A Augustodunum,[2] Florentinus et Hilarus étaient décapités pour la foi.

Et cependant, le Christ appelait invinciblement les barbares à la vénération de son nom et de ses ministres.

Ce fut ainsi que de saints évêques furent la providence des Gaules en beaucoup d'endroits.

A Tolosa, Exupère sauva sa ville épiscopale. Ailleurs, les Goths respectèrent les évêques. Marcellus à Lutèce, Evurtius à Orléans, Aper à Toul, Venerandus à Clermont-Ferrand, Simplicius à Vienne, Diogenianus à Albi, Dynamius à Angoulême, Pégasius à Périgueux, Aletius à Cahors, etc., continuèrent en paix leur apostolat et convertirent même beaucoup de barbares.

C'étaient des évêques dignes de leur vocation divine; chacun d'eux portait les marques d'une éminente sainteté. Le zèle et le courage de la foi étaient chez eux à la hauteur du péril.[3]

Les peuples attestaient leur sainteté et Dieu daignait sanctionner souvent leur apostolat par des miracles.

C'était là la grande arme de la foi dans son triomphe sur la barbarie des hommes de ce temps.

(1) Cambrai.
(2) Autun.
(3) Paulinus cité par Grégoire de Tours, *Hist. de France*, l. II, ch. XIII.

Ainsi, quand Martin de Tours se rendit à Chartres pour un concile, on lui présenta une jeune fille sourde et muette, âgée de douze ans...

Les parents avec cette foi à laquelle Jésus-Christ attachait le pouvoir de transporter les montagnes, dirent au saint thaumaturge :

— Bénissez notre fille et elle sera guérie.

L'évêque des Rothomagi, Victricius, accompagnait Martin, qui lui dit se tournant vers lui :

— Rien ne peut être refusé à votre sainteté. Bénissez cette malade.

L'humble Victricius s'y refusa et conjura Martin de la bénir lui-même.

Alors, Martin, cédant à ses instances, s'agenouilla, fit une prière et toucha avec l'huile sainte des exorcismes, les lèvres de la jeune fille qui, aussitôt, recouvra la parole.[1]

Le ciel permettait que la thaumaturgie éclatât dans les pasteurs de Jésus-Christ au moment même où le monde barbare avait besoin de la foi.

Un orage épouvantable avait déchaîné le feu du ciel sur la cité des Aurelii dont Evertius était le pasteur.

— Homme de Dieu, s'écrièrent les habitants affolés, sauvez-nous de cette ruine !

Evertius se rendit à l'église, se prosterna devant l'autel et fit cette prière :

— Seigneur, Dieu d'Israël, vous avez jadis sauvé les trois jeunes hébreux dans la fournaise ardente, éteignez en ce moment ces globes enflammés qui tombent sur cette ville.

Aussitôt l'orage cessa, et le feu s'éteignit seul.

La foule poussa des clameurs de joie et de reconnaissance.

— Voici, dit l'évêque au peuple, que, dans sa miséricorde, le Seigneur nous a délivré des flammes, ne voulez-vous pas

____

(1) Bollandistes, *Actes des Saints*, 17 août.

perpétuer par un monument durable, le souvenir de ce bienfait?

Tous souscrivirent à cette proposition, et ainsi s'éleva la basilique de Sainte-Croix en l'honneur du bois sacré retrouvé par sainte Hélène.

Une collecte réunit les premiers fonds; en creusant les bases de la future église, on trouva une amphore soigneusement close au bitume et pleine de pièces d'or à l'effigie de Néron.

La loi romaine revendiquait toute trouvaille de ce genre par moitié pour César.[1] Constantin, à qui Evertius envoya ce dépôt, n'en voulut rien accepter.

Le saint évêque avait, lui aussi, le don des miracles, et chacun de ses pas faisait éclore un prodige.

Cependant, la pourpre impériale, vil lambeau sans gloire, tentait tous les intrigants, et les Gaules virent un usurpateur du nom de Constantin. C'était un pauvre soldat aussi brave qu'ignorant, acclamé par les légions et qui prit son nouveau rôle au sérieux au point de se révéler habile général, et de réunir autour de lui toutes les provinces dociles depuis les Pyrénées jusqu'aux Alpes.

Il marcha contre les barbares, fut vainqueur, et allait devenir un potentat, lorsque Stilicon se leva à son tour contre lui. Lui aussi fut vaincu, et pendant près de quatre ans, Constantin qui poursuivait sans cesse les barbares disséminés dans la Gaule, devait tenir d'une main ferme les rênes de son pouvoir.

Il avait deux fils, dont l'aîné nommé Constant, était moine. On l'arracha au cloître, on le fit César et on l'envoya à la conquête de l'Espagne.

Et le moine Constant devenu le César Constant, se montra un grand général et conquit l'Ibérie!

---

(1) Code de Justinien, *Instit.*, l. II, titre I.

De retour à Arles, son père lui décerna les honneurs du triomphe, et l'ayant salué Auguste, lui donna l'empire d'Espagne que Stilicon n'avait pu défendre davantage que les Gaules.

Le 1er mai 408, Arcadius, ce fantôme impérial, mourait à Constantinople.

Par testament, il confiait la tutelle de son fils Théodose le Jeune, âgé de huit ans, à sa sœur Pulchérie, vierge consacrée au Seigneur qui, quoiqu'elle n'eut que quinze ans, prit les rênes de l'empire et montra une rare et précieuse sagesse tant dans le gouvernement que dans l'éducation du jeune prince.

Stilicon voulait toujours s'emparer de la couronne d'Orient et il se flattait que ses triomphes en Asie lui rendraient aussitôt les Gaules et l'Espagne.

Alaric, sur lequel il comptait et qui devait étager sa grandeur causa sa chute. Stilicon n'ayant pu lui payer la somme annuelle qu'il s'était engagé à lui verser pour l'entretien de ses troupes, Alaric, au printemps de l'année 408, résolut de se payer lui-même, et traversant la Dalmatie, la Norique et les défilés de la Pannonie, il parut sur les frontières italiennes à la tête de ses hordes formidables. Il s'agissait pour lui de quatre mille livres pesant d'or.[1]

Mais, avant d'agir, il envoya des députés à Ravenne pour porter ce fier ultimatum à l'empire.

Or, ce traité fait avec Alaric était secret, il révolta la conscience publique, mais le sénat promit de payer. Quelques jours après, Honorius faisait décapiter Stilicon au seuil d'une basilique dont il invoquait l'asile. On proclama la dette éteinte par la mort du débiteur, sans songer à la responsabilité de l'empire, et Alaric ayant en vain exposé de nouvelles réclamations, franchit cette fois les Alpes Juliennes et entra en Italie en bon ordre.

(1) Environ quatre millions et demi de notre monnaie.

Sans s'arrêter en route, il marchait droit vers Rome, laissant derrière lui Aquilée, Concordia et Altinum. Il franchit le Pô à Crémone dans une véritable marche de parade, dont ses troupes indisciplinées n'avaient jamais donné l'exemple.

Le goût du pillage les reprit à Bologne. Alaric provoqua à Ravenne l'armée d'Honorius qui refusa le combat. Il passa outre et gagna Ancône dévastant le Picenum aux riches vallées. Puis, franchissant l'Apennin, il entra par Nursia dans la vallée du Tibre.

— Je t'en supplie! lui cria un solitaire en prenant la bride de son cheval, épargne Rome, la splendeur de l'Occident!

— Moine, répondit Alaric, sache que je ne suis pas maître d'agir à mon gré. J'entends sans cesse à mes oreilles une voix qui me crie : Marche! marche! va saccager Rome!

Quelques jours après, il était sous les murs de la ville éternelle. Sa marche avait été si rapide qu'on avait à peine eu le temps d'y apprendre qu'il approchait.

La consternation fut alors à son comble. Alaric avait coupé toute communication entre Rome et la campagne; bientôt la famine et la peste s'abattirent sur la cité.

On songea à envoyer des députés au barbare. Ils lui dirent, après un discours plein de diplomatie et de dignité :

— Le peuple romain acceptera la paix, si vous consentez à lui offrir des conditions raisonnables.

— Ma raison, répondit le barbare avec hauteur, c'est mon épée!

— Eh bien! sachez que les romains préféreront jusqu'au dernier, la mort au déshonneur. Ils sortiront en masse de leurs murailles pour vous combattre, vaincre ou mourir en rase campagne.

Le barbare éclata d'un rire féroce et terrible.

— Tant mieux! s'écria-t-il, plus le foin est dru, mieux on le fauche! Au surplus, tenez, je n'exigerai que la remise immédiate de tout l'or et l'argent, meubles, statues, objets d'art et de prix qui sont dans la ville, ainsi que celle de tous les esclaves étrangers qui y servent.

— Eh quoi! s'écrièrent les romains consternés, ce sont là vos conditions. Que nous laisserez-vous donc?

— La vie! répondit le visigoth avec dureté.

Les députés retournèrent à Rome rendre compte de leur mission.

Alors, on recourut aux dieux anciens, mais sans succès, et l'on chassa honteusement de Rome les fourbes aruspices.

Les délégués retournèrent vers Alaric et obtinrent de lui qu'il lèverait le siège moyennant cinq mille livres pesant d'or et trente mille d'argent.

Il eut été facile à Alaric de ne faire qu'une bouchée des deux empires et de réunir sur sa tête la couronne d'Occident et celle d'Orient. Mais il comprit que les temps n'étaient pas mûrs encore et sa barbarie recula devant le dernier prestige de l'empire.

Il borna ses prétentions au titre de grand-maître des milices romaines et demanda pour ses cantonnements la Vénétie, les deux Noriques et la Dalmatie.

A ce prix, il offrait du calme et sa protection. Rome éclata de rire et crut qu'il avait peur. Et la paix ne fut point faite sur des bases stables.

Une seconde fois, Alaric revint bloquer Rome, irrité de la fourberie de la cour de Ravenne, et il fallut de nouveau lui envoyer des ambassadeurs.

Cette fois, le pape Innocent fut mis à la tête de cette ambassade. Les prétentions d'Alaric étaient toujours les mêmes et le plénipotentiaire Jovius crut pouvoir établir avec lui un traité sur ces bases.

— Quoi! s'écria Honorius, vous avez fait de telles concessions, vous, préfet du prétoire, qui connaissez les ressources de l'Etat! Vous avez outrepassé vos pouvoirs en offrant

à Alaric des charges, des honneurs et des dignités que ni lui
ni aucun barbare n'obtiendra jamais de nous.

En apprenant cette réponse, Alaric bondit de fureur.

— Ah! s'écria-t-il, je suis trop barbare pour commander
les armées romaines! Les miennes me suffiront! Marchons
sur Rome!

Alors, Innocent fit un suprême effort pour conjurer ce
terrible orage. Les évêques des provinces voisines se rendirent auprès du roi Goth pour le supplier de suspendre sa
vengeance. Ils lui offrirent de lui servir d'intermédiaire vis-
à-vis de l'empereur.

Alaric accueillit leur offre contre tout espoir.

— Il me répugne de saccager Rome, dit-il, je préfère la
servir et la défendre. Allez trouver Honorius et dites-lui qu'il
sera à jamais déshonoré s'il laisse ruiner sous ses yeux une
cité qui, depuis mille ans commande à l'univers, et s'il permet que tant de superbes monuments soient réduits en
cendres. Dites-lui que je renonce au commandement des
armées et à toute espèce de tribut annuel. Qu'il m'abandonne seulement ses provinces du Norique et je signerai
la paix.

— Il a peur! s'écria la cour de Ravenne. Jamais nous ne
ferons aucune paix avec Alaric!

Alaric, alors, se rendit maître de Porto et envoya au
sénat l'ordre de déposer Honorius et de revêtir de la pourpre
le rhétheur Attalus.

La honte et la douleur dans l'âme, les députés de Rome
se jetèrent à ses pieds, le suppliant d'épargner cette ignominie à l'empire.

— Délibérez, dit avec une féroce ironie le roi Goth.
Attalus sera empereur et vous aurez la paix, sinon, ce sera
la guerre, la famine et le pillage.

Le Sénat obéit et des médailles furent frappées, qui portaient en exergue ces paroles :

« Victoire des Romains, rétablissement de la république, gloire de l'empire, Rome éternelle, invincible. »

Cent mille Goths avaient fait cortège à cette mascarade sans nom et exalté le nouvel empereur.

En acteur accompli, Attalus avait pris au sérieux son rôle impérial dans cette tragi-comédie. Il en eut imposé à tous, par son incroyable audace, si chacun et Alaric lui-même eussent vu autre chose en lui qu'une créature méprisable et de circonstance du roi des Goths qui voulait vaincre l'empire, à la fois, par les armes et par le mépris et qui saurait faire rentrer dans le néant ce fantoche couronné le jour où la fantaisie de l'abattre lui prendrait.

Ce fut ce qui arriva, Alaric, grâce à un diplomate habile d'Honorius, se réconcilia avec l'empereur déchu, mais non soumis, et il manda Attalus au camp des Goths.

Là, en présence des Romains et des barbares, le gothique conquérant arracha de sa main la pourpre et la couronne au comédien empereur en le menaçant de mort s'il songeait encore au pouvoir.

Honorius et Alaric allaient signer la paix, et Alaric en attendait la conclusion, paisiblement assis sous sa tente quand une troupe de brigands, commandée par Sarus, fondit à l'improviste sur sa garde, en tua une grande partie et faillit s'emparer de lui.

— Traître Honorius! s'écria Alaric, voilà donc ta bonne foi! Je le jure, je prendrai Rome, et cette fois, rien ne me détournera de sa ruine!

Et aussitôt, rassemblant ses armées, le roi des Goths marcha contre la ville éternelle.

La reine du monde allait tomber aux mains des barbares, et l'heure fatale de sa ruine était irrévocablement sonnée.

VI

LE GLAS DE L'EMPIRE.

Pendant la nuit du 24 août 410, un traître ouvrit au dévastateur la porte Salaria, cette Porte Collina de fatale mémoire et par laquelle en 378 de l'an de Rome, les Gaulois déjà étaient entrés.

Rome s'éveilla aux crépitements de l'incendie qui dévorait, allumé par les Goths, tout le quartier environnant les domaines opulents de Salluste.

Elle comprit qu'elle était la proie des barbares. Déjà, le pillage et le massacre étaient commencés.

Pour de l'or, les barbares commettaient les plus invraisemblables horreurs.

Cependant, Alaric qui avait accordé à ses soldats le droit de piller pendant trois jours francs sans merci, avait ordonné d'épargner tous ceux qui se réfugieraient dans les églises consacrées à Jésus-Christ et particulièrement dans les basiliques de Saint-Pierre et de Saint-Paul, ainsi que d'éviter autant que possible l'effusion du sang.

Pendant le pillage, un chef goth avait pénétré avec sa troupe dans une maison dépendant de la basilique de Saint-Pierre et habitée par une vierge consacrée à Dieu et d'un grand âge.

— Livrez-nous, lui dit-il, tout l'or et tout l'argent que vous possédez. Nous ne vous ferons aucune violence.

— J'en ai bien plus que vous ne croyez, lui dit-elle.

Et elle lui ouvrit des armoires entièrement pleines de vases précieux d'or et d'argent.

Les yeux des barbares étincelèrent.

— Qu'est-ce que ces trésors? demanda leur chef.

— Ce sont, dit la vierge chrétienne, les vases sacrés de la basilique de Saint-Pierre, prenez-les, si vous l'osez! Je ne suis qu'une faible femme et ne puis les défendre, mais songez que l'Apôtre est plus puissant que moi!

Alaric, informé aussitôt, répondit :

— Faites transporter immédiatement tous les vases sacrés dans la basilique de Saint-Pierre. La vierge chrétienne qui en avait la garde, y veillera. Tous les chrétiens qui voudront se joindre au cortège et demander asile à la basilique le pourront.

La maison était très loin du vatican. Les Goths, deux à deux, portant sur leur tête les vases d'or et d'argent, traversèrent toute la ville pour se rendre en bon ordre à Saint-Pierre au milieu d'une escorte qui les accompagnait, le glaive nu, et des chrétiens qui chantaient des hymnes à Jésus-Christ.

Spectacle extraordinaire qui frappait d'étonnement tous les païens qui venaient en foule se mêler aux fidèles et se mettre sous la protection du Christ. Et devant cette foule sans cesse grandissante, les rangs des barbares s'ouvraient placidement.

Jamais l'antiquité païenne n'avait présenté un aussi étonnant spectacle. Priam avait été massacré aux pieds de ses dieux domestiques, à Rome, Alaric offre à tous les basiliques pour asile et ses soldats y conduisent eux-mêmes des milliers de malheureux pour les arracher à la mort![1]

(1) S. Augustin, *De Civitate Dei.*

En trois jours, la plus grande partie des merveilleux monuments de Rome était par terre parmi des montagnes de cadavres.

Rien n'égala la stupeur et l'exaspération de l'Empire à cette nouvelle qui le bouleversa comme un coup de foudre.

Après trois jours et trois nuits de pillage, Alaric donna le signal du départ de cette armée, traînant après elle les dépouilles même de l'univers.

Parmi les objets les plus précieux qu'il s'était fait attribuer, Alaric emportait un vase jadis pris par Titus à Jérusalem, et qui avait appartenu à Salomon, et une captive illustre, la propre sœur d'Honorius, la princesse Placidie dont la Providence voulait utiliser les malheurs.

Alaric, alors, jeta ses yeux de vautour sur l'Afrique. La tempête bouleversa ses projets, engloutit ses vaisseaux avec la meilleure part de ses trésors.

Des pleurs de rage coulèrent, à cette vue, des yeux du barbare, et son cœur de bronze connut les angoisses du désespoir.

Il se crut maudit du ciel et la mort le frappa au milieu de sa douleur.

Les guerriers creusèrent sa fosse au milieu du lit du Buxentum détourné, l'y enterrèrent avec le trésor royal et rendirent aux eaux leur cours naturel, après avoir égorgé les esclaves qui avaient concouru à ce travail, afin que nul ne put révéler à la vengeance le mystère de ce tombeau.

CONCLUSION

« Venez, avait clamé Jean au sortir de la vision tragique
de Pathmos, je vous montrerai la condamnation de la grande
infâme vêtue des crimes de tous les rois de la terre. Assise
sur sept collines, parée de pourpre et d'écarlate, resplendis-
sante de gemmes, elle tenait à la main une coupe d'or d'où
tombait sur le monde le vin de la prévarication, l'ivresse du
crime! C'est la grande Babylone, la mère de toutes les infâ-
mies, ivre du sang des saints, du sang des témoins de Jésus-
Christ!... Venez et voyez! Elle est tombée, la grande Babylone, elle est tombée!... »

Les païens blasphémaient Jésus-Christ, ignorants des
voies providentielles et habitués à juger de la vérité par son
utilité matérielle. Erreur profonde en matière de foi.

Un douloureux silence se fit dans l'empire tout entier.

« Je gémis, je pleure et ne saurais me consoler qu'en
Dieu! » s'écrie Augustin.

« Je suis atterré, s'écrie Jérôme, le style s'échappe de mes
mains défaillantes, je me tais, c'est le temps des larmes!... »

Dieu savait ce qu'il faisait. Plus que jamais, la Croix
allait être l'arbre de la renaissance et de la vie. L'ange exter-
minateur passait, mais le souffle de son aile rendait cette
harmonie sublime qui mêle aux cris affreux de l'ouragan le
tintement consolateur d'un lointain *angelus*.

TABLE DES MATIÈRES.

TROISIÈME PARTIE.

LE MONDE CHRÉTIEN.

QUATRIÈME PARTIE.

LE VENT DU CIEL.

Tournai, typ. Casterman. — 834.

www.ingramcontent.com/pod-product-compliance
Ingram Content Group UK Ltd.
Pitfield, Milton Keynes, MK11 3LW, UK
UKHW021910070726
13613UKWH00001B/455